Les Éditions du Boréal
4447, rue Saint-Denis
Montréal (Québec) H2J 2L2
www.editionsboreal.qc.ca

La Révolution
des droits

DU MÊME AUTEUR

ESSAIS

A Just Measure of Pain, the Penitentiary in the Industrial Revolution (1750-1850), New York, Pantheon Books, 1978.

La liberté d'être humain. Essai sur le désir et le besoin, Paris, La Découverte, 1986.

Blood and Belonging : Journeys into the New Nationalism, Toronto, Penguin, 1993.

Isaiah Berlin : A Life, Toronto, Penguin, 1998.

Virtual War : Kosovo and Beyond, Toronto, Penguin, 2000.

L'Honneur du guerrier. Guerre ethnique et conscience moderne, Québec/Paris, Presses de l'Université de Laval /La Découverte, 2001.

Human Rights as Politics and as Idolatry : The Tanner Lectures in Human Values, Princeton, Princeton University Press, 2001.

ROMANS

L'Album russe, Montréal/Paris, Boréal/Payot, 1990.

Asya, Paris, Albin Michel, 1992.

Scar Tissue, New York, Farrar, Strauss & Giroux, 1994.

Michael Ignatieff

La Révolution des droits

traduit de l'anglais (Canada) par Jean Paré

Boréal

Les Éditions du Boréal remercient le Conseil des Arts du Canada
ainsi que le ministère du Patrimoine canadien et la SODEC
pour leur soutien financier.

Les Éditions du Boréal bénéficient également du Programme
de crédit d'impôt pour l'édition de livres du gouvernement du Québec.

L'édition originale de cet ouvrage a été publiée par House of Anansi Press
sous le titre *The Rights Revolution*.

Illustration de la couverture : Lino

© 2001 Les Éditions du Boréal
© 2000 Michael Ignatieff et la Canadian Broadcasting Corporation.
Dépôt légal : 3ᵉ trimestre 2001
Bibliothèque nationale du Québec

Diffusion au Canada : Dimedia
Diffusion et distribution en Europe : Les Éditions du Seuil

Données de catalogage avant publication (Canada)
Ignatieff, Michael

    La Révolution des droits
    Traduction de : The Rights Revolution.
    Comprend des réf. bibliogr. et un index.
    ISBN 2-7646-0125-5

    1. Droits de l'homme – Canada. 2. Français (Langue) – Québec (Province). 3. Politique linguistique – Canada. 4. Indiens d'Amérique – Canada – Réclamations. 5. Indiens d'Amérique – Terres – Canada. I. Titre.

JC599.C314614   2001   323'.0971   C2001-940769-6

Pour S. Z.
comme toujours

Préface

Les conférences d'où ce livre est issu présentaient trois dangers. Il est donc juste de les signaler au lecteur d'entrée de jeu. Le premier danger consistait à expliquer la révolution des droits à partir de l'expérience canadienne. Pour le lecteur étranger, le Canada n'est pas un modèle qui s'impose à l'esprit : on le voit souvent comme le royaume de l'ennui, comme un pays très bien mais qui ne vous intéresse pas plus qu'il ne vous sert d'exemple. Cette vision de mon pays natal me peine. Je voudrais démontrer que la révolution des droits telle qu'elle a été vécue au Canada est riche de leçons pour d'autres sociétés. Je crois que nous avons réussi, entre autres choses, à réconcilier droits individuels et droits collectifs au sein d'un État multinational et multilingue, et que cette expérience est mieux adaptée aux besoins de la plupart des sociétés que les grandes traditions de droits de la France, des États-Unis ou de l'Angleterre.

Le deuxième danger est celui de la simplification à outrance. Ces conférences étaient radiodiffusées et s'adressaient à un très large public. Or elles touchaient un domaine généralement considéré comme la chasse gardée des juristes, magistrats et politologues. Pourtant, la question des droits n'est pas seulement l'af-

faire de ces dignes spécialistes. Elle est l'affaire de tous. Si le défi consistait à convaincre le spécialiste autant que l'homme ordinaire, le risque était en effet de traiter ce dernier avec une certaine complaisance et, en même temps, d'irriter le spécialiste. Je me suis efforcé d'éviter ces pièges. Ai-je réussi ? Au lecteur d'en juger. Mes conférences se voulaient un modeste exercice de démocratie. J'espère qu'elles ont contribué à élargir et à approfondir le débat tant dans mon pays natal que dans mes pays d'adoption, et que ce livre en fera autant.

Le troisième péril était le plus grave. Je parle des droits d'un pays dont je suis citoyen, mais où je ne vis plus depuis trente-deux ans. En un sens, ces conférences étaient une tentative de me mettre au parfum des grandes transformations qui ont eu lieu au Canada en mon absence. Ceux qui ont vécu les turbulences qui ont secoué le pays et qui ont participé aux débats décrits dans les pages qui suivent trouveront peut-être que c'est là le rapport de quelque extraterrestre. Soit, je suis un Martien, je l'admets, et les Martiens ne comprendront jamais parfaitement les humains. Ils peuvent percevoir, par contre, des choses que les humains sont incapables d'appréhender. Ainsi, même si la révolution des droits est née avant l'arrivée au pouvoir de Pierre Trudeau et qu'elle se poursuit depuis son départ, les convictions et les gestes de cet homme l'ont marquée de façon irréversible. Le temps est venu d'évaluer son héritage.

J'ai rédigé ces conférences dans les montagnes Rocheuses, grâce à la générosité de la Fondation Maclean Hunter et d'une grande institution canadienne, le Banff Centre for the Arts. Je remercie Carol Phillips, Don Stein, Tanis Booth, Carol Barnes et les bibliothécaires du Banff Centre de leur compétence, de leur chaleur, de leur humour. Je veux également exprimer toute ma gratitude aux diplômés du programme de journalisme culturel qui ont fréquenté le Centre entre 1997 et 2000 ; c'est en grande partie grâce à leurs travaux que j'ai pu reprendre contact avec les réalités de mon pays d'origine. Merci aussi à mon agent et ami, Michael Levine, qui m'a incité à exploiter un thème canadien.

Ma seule exigence a été de choisir un sujet à la fois universel et canadien. J'offre également mes remerciements aux personnes suivantes : Robert Blitt, pour ses recherches aussi rapides que précises ; Martha Sharpe, de House of Anansi Press, ainsi que le réalisateur de mes conférences radiophoniques, Philip Coulter, de l'émission Ideas de la CBC ; John Fraser de Massey College de l'Université de Toronto, qui m'a accueilli pour ces conférences. Si le lecteur veut bien pardonner une dernière manifestation de ma sensibilité de Martien, je souhaiterais dire que la rédaction de ces conférences a approfondi mon attachement au seul lieu, sur toute la terre, que je qualifierais de chez moi.

Michael Ignatieff, septembre 2000

CHAPITRE PREMIER

La révolution des droits et la démocratie

Notre vie politique et sociale a subi de profonds changements depuis une trentaine d'années. On peut appeler cet ensemble de changements la *révolution des droits*. L'expression décrit bien, en effet, la stupéfiante mutation qu'un nouveau discours sur les droits a provoquée dans la façon dont nous nous percevons comme citoyens, comme hommes ou femmes, comme parents. La révolution des droits, amorcée dans les années 1960 dans tous les pays industrialisés, n'est pas terminée. Pensons seulement au nombre de droits revendiqués et obtenus : droits des femmes, droits des homosexuels, droits des autochtones, droits des enfants, droits linguistiques ou constitutionnels. Cette révolution où les droits de personnes et de groupes naguère exclus ont enfin été reconnus est un véritable monument à l'égalité. En ce sens, elle a approfondi et enrichi la vie démocratique. Elle a aussi protégé certains groupes, en revanche, des contrecoups de la démocratie. Les droits collectifs, comme les droits linguistiques ou comme ceux des autochtones sur leurs terres et leurs richesses naturelles, ont pour objectif de mettre à l'abri des abus de la majorité ce qui est essentiel à la survie d'une minorité.

La démocratie peut en effet avoir des effets pervers sur certains droits. Ceux auxquels les représentants élus du peuple donnent force de loi expriment la volonté populaire. Mais il en existe aussi dont l'objectif est de protéger certains individus contre cette volonté populaire et de limiter les pouvoirs d'une majorité. Les droits de la personne et les droits inscrits dans les Constitutions sont censés être à l'abri de toute restriction par la majorité et servent de rempart à la liberté des faibles. La révolution des droits a donc un double effet : elle renforce le droit à l'égalité et protège le droit d'être différent. Assurer l'égalité tout en permettant la différence est le défi fondamental de la révolution des droits. C'est ce défi que je veux explorer.

Les droits sont plus que de simples instruments juridiques. Parce qu'ils sont une tentative de donner force juridique aux valeurs qui nous sont le plus chères, comme la dignité, le respect et l'égalité, les droits sont incrustés dans notre psyché. Ils sont l'expression de l'identité morale d'un peuple. Quand une personne injustement condamnée, par exemple, retrouve la liberté, quand un opprimé se lève et demande d'être entendu, l'émotion nous envahit : nous constatons que justice est faite. Cette émotion naît de notre désir de vivre dans un monde juste. Les droits se traduisent en termes sèchement juridiques, mais ils sont le moyen grâce auquel les humains expriment leur besoin profond de justice.

Ce besoin est universel. Partout dans le monde, les gens luttent pour leurs droits. Depuis l'adoption de la Déclaration universelle des droits de l'homme en 1948, l'histoire du monde est l'histoire de la lutte des peuples colonisés pour leur liberté, de la lutte des femmes et des minorités visibles pour le plein exercice de leurs droits civils. Certaines de ces luttes sont gravées dans ma mémoire. J'ai vu à la télévision le petit groupe de protestataires réunis sur le pont Edmund-Peltus, à Selma, en Alabama, réclamant le droit de vote pour les Noirs dans les

États du Sud. Je me souviens de l'émeute de la prison d'Attica, dans l'État de New York. Les bagnards réclamaient l'amélioration de leurs conditions de détention. La police et la Garde nationale reprirent l'établissement par la force des armes, faisant quarante-trois morts chez les prisonniers. Avant l'assaut, l'un de ceux-ci déclarait : « Nous avons décidé, après une longue et amère expérience, que si nous ne pouvons pas vivre en hommes, nous sommes prêts à mourir en hommes[1]. » Ces événements m'ont appris qu'il est des choses auxquelles les hommes tiennent plus qu'à leur propre vie et que les droits sont aujourd'hui l'expression des valeurs pour lesquelles ils sont prêts à la donner.

Pendant les années 1960 et 1970, c'est l'Europe qui a montré que la révolution des droits est un phénomène universel. Les luttes de Solidarnosc en Pologne, inspirées par l'extraordinaire Lech Walesa, simple électricien des chantiers maritimes, ont conduit à la création des premiers syndicats libres du monde communiste. En Tchécoslovaquie, c'est la Charte 77, un mouvement d'écrivains et de gens de théâtre comme Václav Havel, qui a conquis les droits civils et politiques des habitants de l'Europe de l'Est. Il faut aussi signaler les campagnes pour les Juifs d'URSS. En 1990, j'ai fait le trajet entre Kiev, en Ukraine, et Vienne dans un convoi de Juifs soviétiques en route pour Israël. Ils étaient inquiets, perdus, et toute la nuit durant m'ont posé des questions sur ce pays où je n'étais allé qu'une seule fois. Ils ne savaient pas ce qu'ils allaient y trouver, mais connaissaient fort bien ce qu'ils laissaient derrière eux : un pays où les libertés même les plus élémentaires leur étaient refusées. Toutes ces luttes pour la liberté dans le bloc communiste ont eu un profond effet sur l'état du monde. La bataille des droits était une bataille que livraient des hommes pour abattre le règne du mensonge, pour vivre dans la vérité, pour vivre sans peur et sans honte. Ce qui avait commencé comme une campagne pour l'obtention de droits à l'intérieur du système communiste a fini par le détruire. Avec la chute du mur de Berlin, au cours des inoubliables journées de novembre 1989, la révolution des droits a changé le cours de l'Histoire. Aucune des victoires n'a été facile. La révolution des droits est l'aboutissement d'un long combat. En vérité, le concept même de droits vient de la lutte qu'ont menée les propriétaires terriens, d'Angleterre et de France, tous des hommes, pour se libérer de la tyrannie des rois et de l'aristocratie, pour imposer des lois de tenure et pour établir un régime de droit*. Mais on constate que, paradoxalement, ceux qui obtiennent que l'on respecte leurs droits n'acceptent pas nécessairement de respecter ceux d'autrui ! Ce que les hommes blancs ont obtenu, ils l'ont refusé aux femmes, aux Noirs et aux classes laborieuses. Il n'est pas évident que le droit à l'égalité s'applique par définition à tous. Ainsi, les hommes, qui jouissaient du droit de propriété et du droit de vote depuis des centaines d'années, ne pouvant concevoir que les femmes puissent elles aussi en jouir, inventèrent d'incroyables astuces pour refuser à celles-ci ce qui nous semble aujourd'hui aller de soi. De même, la négociation collective et l'atelier fermé furent longtemps considérés comme d'inacceptables empiètements sur la liberté des ouvriers et des employeurs. Constatation ironique : pour celui qui veut nier les droits de quelqu'un d'autre, il n'est pas de meilleur moyen que de prétendre qu'ils empiètent sur les siens propres. L'essentiel des luttes ouvrières a consisté à dénoncer ces prétentions en manifestant devant les usines, pancartes au poing, pour réclamer le droit d'association. En Amérique du Nord, il a fallu aux ouvriers plus de cinquante ans, de 1880 à 1945, pour faire triompher l'idée que seules la syndicalisation et la négociation collective peuvent contrebalancer efficacement l'immense puissance économique du patronat. L'Histoire montre que les droits conquis ne sont jamais assurés. À Ottawa, Londres ou Washington, des fonctionnaires ingénieux

---

* *Due process of law.* (N.d.T.)

cherchent comment réguler notre droit de communiquer dans Internet. En Grande-Bretagne, un gouvernement travailliste, si contre nature que cela puisse paraître, a proposé que la police surveille les communications dans Internet. Certains adages, même rebattus, sont éternels : *la vigilance perpétuelle est une condition de la liberté.*

Grâce à ces luttes, dont beaucoup ont abouti il y a moins d'un quart de siècle, les sociétés libérales d'Occident ont ouvert une ère nouvelle de l'Histoire : pour la première fois, on s'efforce de n'exclure personne des avantages de la démocratie. Tous les citoyens ont les mêmes droits, et d'abord celui de se faire entendre. La démocratie est censée appartenir à tous. On comprend que le pouvoir se plaigne que depuis 1960 les sociétés occidentales soient devenues « ingouvernables ». En clair, les citoyens sont moins dociles et refusent désormais de laisser la politique aux élites. La révolution des droits a facilité la contestation, de sorte que la société est désormais plus difficile à contrôler. L'égalité l'a rendue plus inclusive, et les protections constitutionnelles ou juridiques restreignent le pouvoir de l'État. Les pays où l'opinion défend les droits avec vigueur sont plus difficiles à gouverner, soit. Mais est-il dit que la démocratie doive baigner dans l'huile ? La démocratie est un débat permanent, un processus nécessairement conflictuel ; mais, dans la mesure où les affrontements ne débouchent pas sur la violence, elle est préférable aux régimes autoritaires. Pour paraphraser l'actrice Bette Davis, attachons nos ceintures de sécurité, car le chemin qui mène à la révolution est semé d'embûches.

Peu de pays ont connu, en ce domaine, une évolution plus cahoteuse que le Canada. Depuis les années 1960, le Canada vit une crise politique larvée. Les statistiques des Nations unies montrent que notre pays est l'un de ceux qui offrent la meilleure qualité de vie ; ce n'en est pas moins l'un de ceux où l'angoisse existentielle quant à l'avenir politique est la plus profonde. Depuis la Révolution tranquille au Québec dans les années 1960 et le réveil plus récent des peuples autochtones, toutes les tentatives d'intégrer ces nations à notre corps politique ont remis en question la légitimité de la fédération canadienne.

Les élites auraient souhaité gérer seules cette crise. Mais tout l'intérêt de notre histoire politique récente réside dans le fait que les organisations féministes, les autochtones et des citoyens ordinaires ont fait entendre leur voix et ont enrichi le processus et le résultat de la réforme constitutionnelle. Le débat constitutionnel a cessé d'être l'apanage des gouvernements et des premiers ministres provinciaux pour devenir un système animé essentiellement par la société civile, c'est-à-dire les citoyens, les groupes de pression et les nations. La Constitution aurait pu naître du seul désir de Pierre Trudeau d'ancrer l'unité du pays dans l'égalité des citoyens et les droits individuels. Mais, au terme du processus, les Canadiens ont réussi à faire reconnaître que les droits individuels ne suffisent pas : la Charte des droits et libertés de 1982 garantit aussi des droits collectifs, comme les droits linguistiques, l'égalité des sexes, la diversité culturelle du pays et les revendications territoriales des autochtones.

Il en résulte que, de tous les pays, le Canada possède l'une des cultures de droits les plus particulières. D'abord, nos lois sont singulièrement libérales et laïques sur des questions comme l'avortement, la peine capitale et l'homosexualité. Elles nous rapprochent davantage de la législation européenne que de celle des États-Unis. Même si notre mode de vie est assez semblable à celui de nos voisins, nos attitudes et les positions des médias par rapport aux questions de droits sont très différentes. Ensuite, en matière d'aide sociale, notre culture est une culture sociale-démocrate ; les Canadiens considèrent la gratuité des services médicaux et hospitaliers comme un droit, tout comme l'assurance-chômage et un revenu de retraite assuré par l'État. Là encore, la différence avec les États-Unis est notable. Autre différence, notre culture juridique se distingue par l'importance accordée aux droits collectifs. Cela s'exprime dans la Charte de la langue française qu'a adoptée le gouvernement du Québec (loi 101), ou par les traités qui accordent des territoires et leurs richesses naturelles aux diverses tribus autochtones. La Nouvelle-Zélande exceptée, aucun autre pays n'a accordé une telle importance à la notion de droits collectifs[2].

Quatrième caractéristique de la culture canadienne des droits, nous sommes l'un des rares pays à avoir déterminé, tant par des jugements de la Cour suprême que dans les lois fédérales récentes, les conditions et les termes de la sécession d'une partie du pays[3]. Après deux référendums qui ont remis en question l'existence même de leur pays, les Canadiens pouvaient craindre à bon droit de ne pouvoir survivre à un troisième. Aussi les deux collectivités, anglaise et française, ont-elles voulu définir les conditions dans lesquelles un groupe national a le droit de faire sécession, les critères de validité des référendums sur cette question et le cadre d'éventuelles négociations entre la Fédération et ceux qui la quitteraient. Vue de l'étranger, cette quête de « clarté » sur la question de la sécession peut paraître téméraire, voire stupide. D'en parler ne rend-il pas l'événement plus susceptible de se produire ? Le pari canadien — ou est-ce un étrange coup de génie ? — est de croire qu'au contraire la condition de « clarté » rend l'événement moins probable. L'idée semble aller à l'encontre du sens commun, mais elle n'est pas stupide : si tout le monde connaît les règles, personne ne sera pris au dépourvu. Les sécessions unilatérales sont désormais hors de question et les conditions du divorce doivent être négociées. Si les deux parties comprennent les conséquences de leurs décisions, les risques de violence et de conflit sont moindres.

Le récent jugement de la Cour suprême du Canada sur la question de la sécession du Québec* — jugement désormais

---

* Renvoi relatif à la sécession du Québec. Le 20 août 1998. Greffe n° 25506.

cité comme modèle pour tous les pays aux prises avec une menace de sécession — repose sur deux réalités fondamentales en matière de droits[4]. La première est que les droits sont souvent conflictuels : par exemple, le droit des Québécois à l'autodétermination entre en conflit avec le droit des Canadiens à l'intégrité territoriale de leur pays. La deuxième est que la formulation juridique de ces droits doit faciliter le règlement pacifique des conflits en définissant avec précision les différences entre les parties, et prévenir ainsi le recours à la violence. Non seulement la définition des droits clarifie les différences et permet d'avoir la situation mieux en main, mais elle amène chaque partie à reconnaître l'existence des droits de l'autre. En d'autres mots, la description du droit de sécession n'a pas pour effet de rendre celle-ci plus facile, mais d'éviter la catastrophe d'une guerre civile. Si les Canadiens réussissent à éviter cette catastrophe, ce n'est pas qu'ils soient plus sages ou qu'ils aient plus de chance que les autres peuples, c'est parce que la culture des droits produit des résultats tangibles.

Vue de l'intérieur, la vie politique canadienne évoque souvent ces mélodrames où la catastrophe est toujours évitée de justesse. Des référendums qui conduisent au seuil de la sécession ; des affrontements armés entre Blancs et autochtones à propos de territoires ou même de homards. Vue de l'extérieur, toutefois — et c'est ma vision puisque je vis et travaille à l'étranger —, le Canada a toujours su trouver le moyen d'assurer la coexistence pacifique et la prospérité d'ethnies, voire de nations différentes.

Les Canadiens ne s'en rendent peut-être pas compte mais, de toutes leurs exportations, leur approche de la question des droits n'est pas la moins importante. La Déclaration universelle des droits de l'homme a été rédigée en grande partie par un professeur de droit de l'Université McGill, John Humphrey. Humphrey était social-démocrate et l'un des fondateurs de la League for Social Reconstruction, qui a fait campagne pour l'établissement du *welfare state*[5]*. La Déclaration, pour abstraite qu'elle soit, n'en visait pas moins à rendre universel le modèle canadien de social-démocratie tel qu'on le connaissait en 1945 au lendemain prometteur de la victoire. Plusieurs des articles de la Déclaration — sur l'assurance-maladie, l'assurance-chômage et les congés payés — peuvent ne pas sembler très réalistes dans le tiers-monde, mais ils incarnent l'idéal canadien de justice sociale.

Voici quelques exemples du rôle crucial que joue le Canada dans la révolution des droits plus récents. Les clauses de protection des minorités russophones dans les Constitutions des États baltes sont l'œuvre de juristes canadiens qui relèvent de l'autorité du Commissaire des droits des minorités de l'Organisation pour la sécurité et la coopération européennes[6]. Madame Louise Arbour, aujourd'hui juge de la Cour suprême du Canada, a été procureur en chef du Tribunal international des crimes de guerre en Yougoslavie et au Rwanda, à La Haye. Et ce n'est pas par hasard que tant de Canadiens, comme madame Arbour ou comme le général Roméo Dallaire, aient été si directement engagés dans la prévention des guerres interethniques. Citoyens d'un pays multinational et multiethnique, les Canadiens ont observé ce qui s'est produit en Yougoslavie et au Rwanda avec une horreur prémonitoire[7]. Car nous savons comme tout le monde combien les États-nations sont fragiles, comment les contradictions internes peuvent facilement déboucher sur la violence, et combien il est vital d'y assurer la justice avant qu'il ne soit trop tard.

L'attention que les Canadiens prêtent à ces questions a aussi une dimension intellectuelle importante. Will Kymlicka,

---

* L'expression « État providence » présente un côté passif et dépendant qui rend mal l'idée de construction politique d'un État soucieux de créer simplement les conditions du bien-être général. L'expression sera cependant utilisée plus loin pour décrire un ensemble de politiques canadiennes. (N.d.T.)

professeur à l'Université Queen's de Kingston, en Ontario, est probablement la première sommité mondiale en matière de droits collectifs des minorités[8]. On peut même parler d'une école canadienne de la philosophie des droits, avec les Kymlicka, Charles Taylor, James Tully, Peter Russell, Stéphane Dion ou Guy Laforest[9]. Ces penseurs ont ancré leur théorie dans l'expérience fondamentale de la politique canadienne : entre les droits collectifs des minorités nationales et indigènes et les droits individuels.

À l'étranger, l'approche canadienne apparaît comme très spécifique. La culture américaine des droits est purement individualiste, au point que les programmes dits d'action affirmative destinés à compenser les handicaps historiques de groupes particuliers, spécialement les Noirs et les femmes, se sont heurtés à la conviction que ces mesures sont discriminatoires envers les individus des autres groupes sociaux. Et il est difficile d'imaginer que la République américaine consente jamais aux peuples autochtones une autonomie territoriale et administrative comparable à celle que le Canada accorde aux siens depuis dix ans. La devise de la République — *E Pluribus Unum* (l'union fait la force) — n'encourage guère la dévolution de la souveraineté. Au Canada, au contraire, l'action affirmative et les droits autochtones sont partie intégrante de la Charte des droits et libertés[10].

L'autre grande culture des droits, la France, a toujours proposé une vision centraliste de la nation comme collectivité civique d'individus réunis par les valeurs de liberté, d'égalité et de fraternité. C'est pour cette raison que les groupes qui réclament des droits spéciaux (comme certaines pratiques religieuses ou vestimentaires pour les musulmans) y ont toujours rencontré plus de résistance qu'au Canada. La Grande-Bretagne offre un autre exemple de grande tradition de droits fortement individualiste et centralisatrice. Du moins jusqu'à tout récemment. Sous la pression des Gallois, le Parlement a étendu la protection juridique et l'assistance de l'État aux droits linguistiques, et l'affirmation systématique par les Écossais de leur différence culturelle et juridique a débouché sur une dévolution constitutionnelle qui rapproche quelque peu le Royaume-Uni du modèle fédéral canadien. Les traditions française, britannique et américaine en matière de droits jouissent d'un prestige énorme, mais elles ne sont guère applicables hors de l'Europe de l'Ouest et de l'Amérique du Nord, parce que les régimes de droits individuels ne résolvent pas les problèmes qu'affrontent les nations multiethniques et multiculturelles, nations formées de minorités fondatrices qui exigent, comme condition de leur reconnaissance de la légitimité de l'État, la reconnaissance de leurs droits linguistiques et scolaires, ainsi que l'autonomie gouvernementale. Par contre, le discours canadien des droits est particulièrement adapté à ces situations. C'est pour cette raison que l'on trouve, de la Baltique au Sri Lanka, des Canadiens qui proposent un régime de droits collectifs et un fédéralisme décentralisé comme solutions aux conflits ethniques ou religieux.

Notre culture juridique s'enracine dans les trois grandes traditions — française, britannique et américaine —, mais sans le lourd bagage d'un passé colonial ni la menace d'un avenir impérial. Nous avons peu d'ennemis et beaucoup d'amis, et nous vivons les problèmes mêmes auxquels le monde cherche des solutions. Aussi n'est-il pas étonnant que la juge en chef de la Cour suprême du Canada, madame Beverly McLachlin, ait trouvé dans une école chinoise de formation des juges des juristes qui étudiaient des décisions de la Cour suprême du Canada[11]. Et j'ai pu constater que les juges de la Cour constitutionnelle d'Afrique du Sud citaient fréquemment la Charte canadienne des droits et libertés.

L'originalité de notre culture des droits est peut-être évidente pour des Sud-Africains, mais elle ne l'est pas pour les Canadiens. C'est peut-être un reflet de la faiblesse de notre discours identitaire. Quand nous voulons nous décrire, il ne nous vient à l'esprit que des clichés : l'hiver, l'immensité, la

Gendarmerie royale. Jamais nous ne parlons de politique. Pourtant, les étrangers qui sont familiarisés avec notre culture des droits voient mieux que nous que c'est précisément là ce qui nous distingue comme peuple. Nous sommes des Nord-Américains, mais de tradition britannique, d'ex-coloniaux, mais qui ont refusé l'expérience républicaine voisine. Notre collectivité s'est forgée dans l'épopée fondatrice de la négociation entre trois peuples : les Anglais, les Français et les autochtones. Il en est sorti une culture des droits particulière qui nous rend différents. Si durement que s'opposent Québécois et Canadiens anglais, ils le font à l'intérieur de cultures politiques remarquablement semblables. Leur conception des droits est commune à tous les Canadiens.

La révolution des droits nous distingue comme peuple, et elle a changé notre vie politique. Pour le meilleur ou pour le pire ? Voilà la question. Elle a rendu notre démocratie plus inclusive en y intégrant des groupes et des individus qui étaient auparavant exclus ou marginalisés. Ceux — hommes et Blancs — qui ont toujours joui de tous leurs droits, comme moi, n'ont même pas eu à renoncer à quoi que ce soit d'essentiel ; il leur a simplement suffi de faire une place aux nouveaux venus à la table des discussions. Mais nous avons aussi appris, parfois de façon douloureuse, une chose extrêmement importante : en matière de politique et d'éthique, les différences entre les humains n'ont aucune pertinence morale[12]. Le fait d'être homme ou femme, Blanc ou Noir, hétérosexuel ou homosexuel est au cœur de l'identité d'une personne, mais il ne change rien à la façon dont on doit la traiter. Il faut avoir pour idéal de traiter les individus selon ce qu'ils disent ou font et non pas selon ce qu'ils sont. C'est là une idée nouvelle. Pendant des siècles, nous avons traité les gens selon qu'ils étaient hommes ou femmes, blancs ou noirs, forts ou faibles, jeunes ou vieux. L'idéal d'égalité, qui ne tient pas compte de ces différences et traite tous les individus comme des membres égaux de la même race humaine, est une chose récente.

L'idée que ma mère se faisait de l'utopie illustre bien ce que j'avance. Pour elle, l'utopie n'est pas un lieu où tout le monde s'aime, mais un lieu où, si l'on déteste quelqu'un, c'est pour une bonne raison (par exemple à cause de sa mauvaise conduite). Son utopie à elle, c'est un lieu où l'amour et la haine sont strictement personnels ; pour elle, les importantes différences de comportement des humains sont des différences individuelles et non pas collectives. C'est le caractère et la conduite qui comptent quand on juge quelqu'un, pas sa couleur ou son identité.

Nous n'avons pas à nous demander si nous sommes d'accord avec cette vision — nous le sommes—, mais ce que nous faisons pour la réaliser. Nous devons nous pencher, avec humilité, sur l'abîme qui sépare les promesses de la révolution des droits et ses réalisations. Pensons aux peuples autochtones. Leurs droits issus de traités sont enfin reconnus. Mais leur vie dans les réserves est-elle meilleure qu'il y a cinquante ans ? Est-ce que la reconnaissance de leurs droits a réduit le nombre de suicides d'adolescents dans les réserves du nord de l'Ontario ? Absolument pas. Personne n'oserait prétendre que la conquête de ces droits a aggravé la situation, mais personne ne croit non plus qu'elle l'a améliorée.

Le discours sur les droits est peut-être même devenu un substitut aux réformes. On accorde plus d'importance intellectuelle et morale aux traités et à l'autonomie politique qu'aux honteuses conditions de vie des habitants des réserves. La doctrine des droits autochtones s'enrichit de toutes sortes de subtilités, et l'élite des professeurs, des législateurs et des politiciens autochtones qui ont su la maîtriser en fait ses choux gras. Mais, à Davis Inlet ou à Burnt Church, est-ce que le niveau de vie s'est amélioré ? Pour les habitants de ces villages, les droits ne sont que théoriques. Les cyniques pourraient même conclure que le but caché des élites est d'entretenir l'illusion que les choses s'améliorent, et non pas de changer vraiment la vie.

Il n'est même pas sûr que tout le monde voie augmenter ses

droits ; certains vont jusqu'à perdre les leurs. Les syndicats par exemple, dont les dirigeants affirment qu'ils ont moins de droits et de pouvoir qu'il y a cinquante ans. L'atelier fermé a été rejeté par les tribunaux, parce qu'il viole le droit d'association. Même s'il fallait faire la part des droits individuels et des droits collectifs dans le monde syndical, il est clair que l'on est allé trop loin : beaucoup d'employés n'ont plus de sécurité d'emploi, plus de vacances, plus de retraite et subissent des horaires abusifs. C'est le côté sombre de notre abondance. Il n'est pas vrai que tous aient bénéficié également de la révolution des droits.

Le problème n'est pas seulement l'abîme qui sépare le discours et la réalité : il réside dans le discours lui-même. Est-ce une bonne chose que le discours sur les droits soit devenu le langage premier de la politique contemporaine ? Qu'arrive-t-il quand les conflits entre Canadiens — la substance même de la politique — deviennent des conflits de droits ?

Autrefois, si l'on me permet de généraliser, la politique était une affaire d'intérêts. On peut toujours négocier quand il s'agit d'intérêts. Mais on ne négocie pas des droits. L'investissement est trop précieux. Les droits sont notre atout. « Rendez-moi mes droits » n'est pas une invitation au compromis, mais une exigence inconditionnelle.

Formulée comme un droit, une revendication n'est pas plus facile à satisfaire, au contraire. Certains estiment que la politique est devenue plus acerbe avec le discours sur les droits. Notre vie personnelle est aussi devenue plus âpre. Ce qui est personnel est politique, clamaient les féministes. Mais quand on politise le comportement personnel, quand le combat des droits se poursuit jusque dans la chambre à coucher, l'absolutisme moral triomphe parfois. Je traiterai plus loin de ce qui est arrivé quand la révolution des droits a touché notre vie privée.

J'aborderai aussi une question connexe : le discours sur les droits nous rapproche-t-il ou nous divise-t-il ? Pierre Trudeau pensait que la Charte des droits et libertés conduirait à l'unité. Pourtant, ce n'est pas ce qui s'est produit. Certains des jugements de la Cour suprême rendus en vertu de la Charte ont divisé les Canadiens. Certains pensent que la liberté de parole garantie par la Charte protège abusivement ceux qui nient le génocide des Juifs ; d'autres trouvent que les exigences juridiques protègent les violeurs[13]. De façon plus générale, la révolution des droits semble parfois avoir fractionné la collectivité politique en groupes de victimes revendiquant chacun ses droits au détriment des autres, femmes contre hommes, autochtones contre Blancs, enfants contre parents, Anglo-Canadiens contre Québécois, et ainsi de suite.

Si le discours des droits nous divise, c'est peut-être parce qu'il reconnaît et légitime les groupes. Les droits collectifs sont censés être nécessaires à la protection de valeurs essentielles — le territoire ou la langue — qui ne peuvent être protégées autrement.

Mais où ces garanties nous mènent-t-elles ? Non seulement les droits collectifs dressent les groupes les uns contre les autres, mais ils les opposent aussi aux individus. Presque tout le monde accepte que les sociétés autochtones renforcent leurs institutions pour bénéficier de l'autodétermination, mais que faire si des membres refusent de participer ? Car l'existence même du groupe est alors remise en question. Prenons le cas des Juifs orthodoxes : il est louable de garantir à un groupe le droit de pratiquer sa religion, mais est-ce toujours aussi louable si cette religion exclut les femmes du culte ? Si une femme rejette cette exclusion et veut quitter la collectivité, peut-on la forcer à y rester ? Ou a-t-on droit de l'exclure si elle se bat pour changer la pratique du groupe ? Souvent, le désir de protéger une collectivité contre des pressions extérieures contredit le désir tout aussi sincère de protéger les individus contre l'oppression exercée par cette même collectivité[14]. Je tenterai plus loin de concilier droits collectifs et liberté individuelle.

Au premier abord, il peut sembler facile de concilier ces droits conflictuels. Les collectivités doivent pouvoir protéger leur identité et leurs coutumes contre les intrusions de la majorité, mais elles ne devraient pas nier à leurs membres le droit de s'exprimer, de protester et même de quitter le groupe. Voilà la théorie. Mais beaucoup de groupes, dont les autochtones et les adeptes de certaines religions, ne se conçoivent pas comme des communautés d'individus égaux en droit. Ils estiment que les objectifs de la collectivité doivent prévaloir sur les choix individuels. C'est certainement le cas des collectivités intégristes musulmanes et juives orthodoxes. On y professe que le droit à la dissidence mènerait nécessairement à la destruction du groupe[15]. Mais, en fin de compte, il nous faudra bien choisir entre les droits individuels et les droits collectifs, et je montrerai plus loin pourquoi les droits individuels doivent prévaloir.

Je voudrais dans ce livre soulever une autre question: toute cette discussion sur les droits a-t-elle vraiment réduit les inégalités? Il est sûr que certaines inégalités, entre les hommes et les femmes, entre les hétérosexuels et les homosexuels, entre les Québécois et les Canadiens anglais, ont été éliminées, du moins juridiquement. Mais qu'en est-il de l'inégalité *de facto* entre les riches et les pauvres? L'un des effets les plus bizarres du discours sur les droits est de rendre visibles certaines inégalités, l'inégalité linguistique ou sexuelle par exemple, mais d'en occulter d'autres, en particulier les inégalités de classe et de revenu. Je ne suis pas marxiste, mais je suis outré de constater que les inégalités sociales et économiques, qui étaient au cœur de nos passions socialisantes quand j'étais étudiant, ont disparu du discours politique dans la plupart des sociétés capitalistes dont le Canada. Cette éclipse est l'une des retombées du discours sur les droits, discours qui s'applique bien aux inégalités politiques et juridiques, mais qui semble impuissant à considérer l'inégalité économique, en particulier la façon dont l'activité économique récompense mieux la propriété et le capital que le travail. Si le système économique ne viole la liberté individuelle de personne, il n'en perpétue pas moins toutes sortes d'inégalités. Non seulement le discours sur les droits ne réduit pas ce type d'inégalités, mais il en détourne l'attention du corps politique[16]. Certes, nous parlons depuis trente ans des femmes, des autochtones, des homosexuels et des lesbiennes. Mais les ouvriers et les employés ? Et l'insécurité économique de nos concitoyens les plus pauvres ? Pourquoi ne fait-on rien pour les aider ? Ce n'est certainement pas parce que la croissance économique des dernières années a bénéficié à tout le monde. On ne peut prétendre qu'il n'y a plus de pauvres. Mais tout se passe comme si les pauvres étaient devenus invisibles. Est-ce parce que la question des droits domine tout le débat politique ?

Les conférences d'où ce livre est issu ne se voulaient pas l'apologie inconditionnelle de la révolution des droits et du discours qui l'a fait triompher. Je tiens à souligner les limites de ce discours en tant que discours politique. Non seulement il laisse bien des injustices dans l'ombre, mais il tend à monopoliser le langage du bien. Ne pensons qu'à la famille. Je consacrerai aux effets des droits sur la famille et sur la vie familiale plus d'espace que la philosophie politique ne leur en accorde généralement. Une grande partie des retombées ont été positives. De toute évidence, c'est une bonne chose, par exemple, de limiter la punition corporelle qu'on peut infliger aux enfants[17].

Il est crucial que les femmes bénéficient des mêmes droits que les hommes en matière de patrimoine conjugal ou de divorce. En un sens, ces changements visent à réinventer la famille à l'image d'une société où les individus sont égaux en droit. Mais cette approche froide et sans émotion ne traduit rien des liens d'affection et de confiance qui font une famille.

Si l'on tente d'exprimer ces valeurs en langage juridique, on ne fait que semer la confusion. D'affirmer le droit des enfants à l'amour ne mène à rien. Le droit d'être traité avec justice, soit ; d'être protégé contre les agressions, bien sûr. Mais l'amour n'est pas une question juridique, ce n'est pas un devoir que l'on puisse imposer, ce n'est même pas une obligation.

Il faut prendre garde de ne pas laisser le thème des droits envahir la totalité du discours sur ce qui est souhaitable et ce qui ne l'est pas dans la vie publique et privée. Et il faut bien voir que la protection des droits de leurs membres ne suffit pas à rendre les familles heureuses. Jamais les individus n'ont joui de plus de droits à l'intérieur de la famille, et jamais les divorces n'ont été aussi nombreux. Certains critiques attribuent précisément la crise de la famille à la révolution des droits. Si l'on ne parlait pas tant de droits à tort et à travers, et si l'on parlait davantage de responsabilités, expliquent-ils, la proportion de familles brisées serait moins grande. Parfois, c'est le féminisme qui est la cible de l'indignation, parfois c'est l'idée même de droits que l'on attaque. Cette véhémence exprime l'angoisse réelle de beaucoup de personnes au sujet de la famille, mais c'est poser le problème à l'envers. Peut-on prétendre en effet que l'on améliorerait la vie des familles en retirant des droits aux femmes et aux enfants? Le défi consiste à transformer une communauté d'égaux en institution solide. La reconnaissance des droits de chacun ne suffit pas, mais c'est un début. Si les hommes comprenaient tous qu'ils ne peuvent battre femmes et enfants à volonté, ils seraient bien forcés de discuter. En d'autres mots, les droits peuvent nous amener à nous parler et à négocier plutôt qu'à nous battre. Ils peuvent aussi réduire l'iniquité dans la division du travail. Les femmes divorcent ou renoncent au mariage parce que l'institution devient inégalitaire, injuste et vide d'affection. La protection des droits des femmes et l'aide que l'État apporte à la garde et au soin des enfants peuvent contribuer à rendre le partage des tâches moins injuste. Quant aux enfants, la reconnaissance de leurs droits ne vise pas à transformer les familles en communes, ni en Parlement polonais où chaque membre dispose du droit de veto, mais à diminuer l'intimidation, les raclées, la violence et la peur.

Bref, les droits ne sont pas l'expression du bien, mais celle du droit[18]. Les codes et les lois ne peuvent définir la qualité de la vie, l'amour, la fidélité et l'honneur. Ils ne peuvent déterminer que les conditions minimales de l'existence. Pour ce qui est de la famille, ils précisent ce qui est à réprouver : la violence et les excès. Ils ne peuvent assurer l'amour, la tolérance, la charité, la ténacité et l'humour. Pour cela, il nous faut d'autres mots que ceux de la loi, et nous devons nous assurer que le langage juridique n'étouffe pas toutes les autres façons d'exprimer nos besoins les plus profonds et les plus permanents.

Il s'ensuit, de façon plus générale, qu'un régime de droits ne définit pas une manière de vivre, mais seulement les conditions essentielles à toute vie, les libertés fondamentales nécessaires à la jouissance de toute activité. C'est là l'idée centrale. Par « activité », j'entends la capacité d'un individu de se fixer des objectifs et de les réaliser. L'intuition fondamentale qui sous-tend la quête des droits est qu'un individu libre peut se protéger lui-même et protéger les siens, ainsi que définir le genre de vie auquel il aspire.

Assigner aux droits l'objectif premier de protéger la liberté revient à dire qu'ils protègent l'individu[19]. L'individualisme a mauvaise presse ; mais, comme la vie est souvent une affaire de choix entre divers maux plutôt qu'entre divers biens, je préfère les défauts de l'individualisme capitaliste aux maux du collectivisme. Historiquement, les collectivités coercitives ont fait plus de mal que de bien. Le XXe siècle a connu trois grandes tentatives de remplacer l'égoïsme capitaliste par la ferveur collectiviste — les régimes de Staline, d'Adolf Hitler, de Mao — et le résultat est tristement éloquent.

Je ne veux pas dire par là que la collectivité tende nécessairement à la tyrannie. Dans une société démocratique, les associations communautaires locales parviennent souvent à concilier l'appartenance au groupe et l'autonomie individuelle. C'est la condition même de leur succès. Les collectivités n'ont d'utilité que dans la mesure où elles articulent les aspirations des individus et où elles leur permettent d'accomplir ce qu'ils ne pourraient accomplir seuls. Les droits collectifs — à la langue, la culture, à l'expression religieuse et à la possession du territoire — n'ont de valeur que dans la mesure où ils renforcent la liberté des individus. Cela implique que, en cas de conflit entre droits collectifs et droits individuels, ces derniers doivent prévaloir. Le principe fondamental qui sous-tend la notion de droits est que chaque individu est une fin en soi et non un moyen vers d'autres fins. Chacun souhaite déterminer ses propres objectifs et les réaliser. Ces objectifs sont l'expression de nous-mêmes autant que le moyen de notre bien-être. Réalisés, ils expriment notre identité tout autant qu'ils servent nos intérêts. Voilà pourquoi nous tenons tant à notre liberté d'action. Je ne crois pas que l'individualisme soit une notion purement occidentale ou contemporaine. Il fait partie de la nature humaine : contrairement aux autres espèces, nous avons des objectifs individuels.

Toute démarche de droit implique un certain degré d'individualisme, avec évidemment des limites. J'ai évoqué la difficulté de concilier le discours sur les droits et les inégalités sociales et économiques découlant de la société de marché et de la concurrence individuelle. Il est impossible de s'attaquer à l'inégalité sans restreindre de quelque façon le droit de propriété. Nous hésitons à le faire non seulement parce que certains propriétaires ont beaucoup de pouvoir politique, mais parce que nous sommes aussi propriétaires, pour la plupart d'entre nous ; et nous nous servons de notre poids politique sur le marché électoral pour bloquer la redistribution de la richesse. Le problème, en somme, n'est ni l'individualisme, ni le droit des individus, ni le capitalisme. Le principal obstacle à l'élimination des inégalités est la démocratie.

La reconnaissance des droits n'est pas la cause de l'inégalité. On ne peut pas non plus y voir un obstacle à l'unité du pays. Les sociétés modernes sont conflictuelles : classe contre classe, intérêts contre intérêts, hommes contre femmes, employés contre employeurs. En cela, Marx avait totalement raison. Les droits servent à peser ces intérêts respectifs et à trancher, et les choix ne sont jamais définitifs. Le rêve d'un aboutissement définitif est une illusion réactionnaire, tout comme les rêves d'unité nationale, de consensus ou d'une vie paisible. La quête des droits porte les conflits sur la place publique, mais elle nous aide en même temps à les résoudre. D'abord, la discussion montre aux parties qui s'opposent que toutes ont des droits. De cette façon, leur compréhension des enjeux évolue. Le conflit apparaît enfin comme l'opposition entre des droits divergents plutôt qu'un combat entre le bien et le mal. Au début, chacun se sent confirmé dans son bon droit, mais avec le temps, quand chaque partie se rend compte que l'autre a des revendications non moins légitimes, le compromis devient possible. Le discours des droits clarifie les désaccords et crée un langage commun qui permet parfois de trouver une solution.

Cette conscientisation prépare le terrain à une meilleure compréhension de la société que nous formons et nous aide ainsi à tenir la route en nous unissant comme faisant partie du même peuple et du même pays. Car, selon le principe de la reconnaissance des droits, tous sont égaux dans la discussion, tous ont voix au chapitre dans la chose publique, et nul ne peut être condamné au silence en raison de son origine ou de sa nature. Cet idéal d'égalité dans l'expression des opinions (c'est-à-dire l'engagement de poursuivre les négociations tant qu'un différend n'a pas été aplani, et sans violence) est ce qu'une société moderne peut connaître de mieux en matière d'unité et de communauté[20]. Le discours sur les droits, en affirmant l'égalité délibérative, a élargi le débat démocratique. J'ai grandi dans un Canada où le débat national était l'affaire des élites politiques et économiques. Depuis les années 1960, la révolution des droits a donné la parole à des groupes que l'on n'avait jamais entendus, et le débat sur ce que la société doit être est plus bruyant, plus difficile à canaliser mais plus démocratique qu'autrefois.

CHAPITRE II

Droits de l'homme et différences

J'ai expliqué comment la révolution des droits a transformé notre pays depuis trente ans. Comment de nouveaux groupes sociaux se sont battus pour faire valoir leurs droits et en quoi notre culture politique (qui reconnaît les droits collectifs en matière de langue et de territoire) fait de nous un peuple plus distinct que nous ne le pensons.

J'y reviendrai. En plongeant directement au cœur du sujet, nous avons laissé de côté quelques éléments importants. D'abord pourquoi avons-nous des droits ? Et avoir des droits, qu'est-ce que c'est ?

Dans notre pays, la réponse semble évidente. Les citoyens ont des droits parce que leurs ancêtres les ont conquis. Les droits ne sont pas des privilèges décernés par ceux qui nous gouvernent ; nous les avons conquis à la force des poignets ou nous en avons hérité à la suite de luttes anciennes. Quand un peuple crée un gouvernement, il ne le fait pas dans un état de nature, comme le pense Jean-Jacques Rousseau, mais dans l'Histoire, et il s'attaque à la tâche de faire des lois avec des droits déjà existants. Tel était le cas des colons américains qui firent l'indépendance en 1776. La Déclaration d'indépendance n'était pas une tentative de créer des droits à partir de rien, mais l'affirmation que les droits qu'ils possédaient en tant que colons britanniques avaient été violés, et la proclamation que ces droits seraient dorénavant garantis par une Constitution. Les Nord-Américains d'allégeance britannique qui ont fondé l'État canadien en 1867 avaient des droits, avant même la création de la Confédération, en qualité de sujets britanniques habitant une colonie de la couronne. Il en allait de même des peuples autochtones, qui formaient des nations qui se gouvernaient seules et dont le droit à l'autonomie avait été confirmé par la Proclamation de 1763. Mais ces droits n'étaient pas reconnus, et il a fallu aux Canadiens et aux Américains plus de cent vingt ans pour corriger cette injustice.

Les Constitutions ne créent pas les droits : elles les reconnaissent, les codifient et créent le moyen de les protéger. Nous possédons déjà ces droits, soit que nos ancêtres les aient conquis, soit qu'ils soient inhérents à la nature humaine. Ces droits inhérents de l'individu sont ceux de ne pas être torturé, battu, affamé. Nous les appelons les Droits de l'homme, ou aujourd'hui droits humains. Ils existent, que les lois des États les reconnaissent ou non. Ainsi, ces droits fondamentaux peuvent être violés même sans qu'aucune loi ne soit enfreinte.

Ce principe selon lequel les droits ont préséance sur les lois des gouvernements, qu'ils soient une acquisition historique ou qu'ils soient inhérents à la nature humaine, a pour but de limiter le pouvoir des gouvernements sur nous. Parlements et gouvernements ne nous donnent pas nos droits : ils ont le devoir de respecter ceux que nous avons déjà, de les protéger, de les défendre et de les étendre. Non seulement les droits limitent le pouvoir de l'État, mais ils sont sa raison d'être.

Avons-nous à nous plaindre d'une violation de nos droits, les autorités constituées doivent enquêter et agir. En ce sens, les droits définissent la légitimité de nos griefs. Et si ces griefs sont légitimes, la situation doit être corrigée. Mais tous les griefs ne sont pas légitimes. Par exemple, le fait de payer les chefs d'entreprise jusqu'à cent fois plus que leurs employés ne viole les droits de personne. L'inégalité des revenus est peut-être injuste, mais elle n'est pas illégale. Ainsi, un régime de droits donne de la légitimité à certaines revendications, et pas à d'autres. Certains en concluent que la défense des droits est inutile. D'autres pensent qu'elle ne fait que justifier le capitalisme. Je ne suis pas d'accord avec eux. Cela signifie simplement que les tribunaux ne peuvent pas tout régler et que la satisfaction de certaines revendications est de nature politique. Dans notre système, un grief qui n'est pas accepté par la majorité des citoyens ne peut trouver de correctif. Comme je l'ai expliqué, la démocratie est une des causes de l'impossibilité de réduire l'inégalité des revenus. La plupart des Canadiens refusent d'appuyer des mesures de redistribution sérieuses. Ces mesures sont considérées comme des empiétements sur les droits des individus[1].

C'est pour cette raison que le discours des droits porte moins sur le fonctionnement du secteur privé de l'économie que sur la façon dont les autorités politiques exercent leur pouvoir sur nous. Les droits ont un double effet sur la puissance de l'État. D'une part, ils définissent notre droit aux programmes publics comme l'aide sociale, les services médicaux ou la retraite. D'autre part, ils constituent notre arme pour restreindre ce que Shakespeare appelait l'insolence du pouvoir. Nos droits sont censés interdire aux gouvernements de lire notre courrier, de s'emparer de nos biens sans compensation, ou d'agir sans notre consentement. Personne n'est satisfait de la façon dont les gouvernements sont ainsi contenus[2]. Les sociaux-démocrates croient que le droit de propriété a des effets négatifs puisqu'il restreint la capacité du gouvernement de redistribuer la richesse. Les conservateurs croient au contraire que les droits doivent nous protéger de ce genre de bonnes intentions. Il ne sert à rien de déplorer que le débat sur les droits ne permette jamais de trancher entre ces conceptions différentes de la justice. Il détermine ce qui est légal, non pas nécessairement ce qui est juste. Pour établir ce qui est juste, il faudrait trancher entre des griefs conflictuels, entre le droit de l'un et celui d'un autre, entre le droit à l'intimité et le droit à l'information, etc.

Ce n'est pas non plus le rôle des droits de promouvoir une philosophie politique. Il n'est pas pertinent, par exemple, de demander à la Cour suprême d'être plus progressiste. Les droits n'ont pas à servir la cause du progressisme ou du conservatisme. Ils nous servent simplement à faire régner l'ordre dans nos discussions. Les droits définissent les revendications rivales entre lesquelles la société aura à trancher dans sa quête de justice. Et, dans la mesure où il s'agit de procédure — le droit à une justice impartiale, entre autres choses —, ils établissent les règles qui empêchent les débats de dégénérer en violence.

Pourtant, la question des droits dépasse la simple procédure. Les droits ne sont pas neutres. Ils expriment des engagements, comme celui d'éviter la violence et de traiter les citoyens également. Du fait qu'ils expriment des valeurs, ils sont autre chose que les règles d'un *statu quo* immuable. Les valeurs peuvent être invoquées contre un système qui trahit ses idéaux. Et aucun système n'est totalement fidèle à ses idéaux. Le droit de vote ou le droit à la justice sont des promesses d'égalité que nous prêchons sans toujours les tenir. Les Noirs des États du Sud ont pris ces promesses au sérieux, dans une société qui les trahissait jour après jour. Ils ont manifesté, malgré les forces policières massives qu'on leur opposait, et ont occupé le parvis des palais de justice non seulement pour obtenir leurs droits, mais pour faire reconnaître leur égalité en tant qu'êtres humains. Les droits ne sont donc pas que des outils. Ils sont fondamentaux non seulement parce qu'ils permettent aux citoyens de se protéger et de défendre leurs intérêts, mais parce qu'ils sont la représentation fondamentale de leur dignité.

Les droits servent aussi à résoudre les conflits entre citoyens. Ils nous imposent des limites en même temps qu'ils nous garantissent des acquis. Nul ne peut satisfaire ses revendications par la force ou la tromperie. Les droits nous forcent à négocier, à accepter le jugement d'un arbitre si nous sommes incapables de trouver un compromis, et à nous abstenir de recourir à la force si on ne nous donne pas raison. Tout droit entraîne une obligation. Mon droit de vaquer à mes affaires sans être attaqué ou violenté s'accompagne de l'obligation de traiter autrui de la même façon. Le caractère de réciprocité des droits est ce qui leur donne une valeur sociale et permet le concept de collectivité.

Ce n'est pas là de l'angélisme. Je ne décris pas la société telle qu'elle est, mais telle qu'elle devrait être. Je ne prétends pas que les droits ont éliminé la violence et le règne de la force. Nous sommes loin de cet idéal, mais l'idéal n'est pas sans force. Nous rêvons de vivre dans un monde fondé sur le droit plutôt que sur la force. Cet idéal ne doit pas nous anesthésier, mais il rappelle aux gouvernants et aux gouvernés que nous ne vivons pas selon nos principes.

Sur un plan général, les droits n'assurent pas le *statu quo*. En donnant de la légitimité aux griefs, ils forcent la société à poursuivre sa difficile et incessante quête de réformes. Penser qu'une société n'est jamais finie mais toujours en marche vers une justice qui reste hors d'atteinte est caractéristique des sociétés modernes. Les empires d'antan, les Aztèques, les Mongols, les Chinois, se voyaient comme des constructions parfaites, des œuvres d'art qu'il était impossible d'améliorer ou de remplacer. Les sociétés modernes ne pensent pas de cette façon. Entre autres à cause du discours sur les droits, qui les condamne à l'introspection permanente. C'est dans une large mesure ce discours qui fait de la modernité un procès perpétuel, selon l'expression du philosophe polonais Leszek Kolakovski[3].

L'accusation selon laquelle les droits créent des sociétés d'individualistes égoïstes toujours sur la défensive devant les nouveaux arrivants est loin d'être fondée. D'abord, certains de ces droits, comme la liberté d'association et la liberté d'expression, ont été affirmés expressément pour permettre aux individus de se réunir en communautés d'opinions, de foi ou d'objectifs. Sans eux, il n'y aurait pas eu de partis ou de syndicats socialistes dans notre pays. Ensuite, les droits des uns supposent le respect de ceux d'autrui. Le respect n'implique ni l'amitié, ni la fraternité, ni même la sympathie. Cela n'est pas nécessaire. Le respect signifie simplement que l'on accepte d'écouter ce que l'on préférerait ne pas entendre, admettant ainsi la possibilité que ce que l'on entend soit justifié.

Les droits seuls ne créent pas de sentiment communautaire. Il faut pour cela avoir partagé une histoire et une expérience. Mais de vivre dans une culture de droits peut renforcer la confiance, qui est un des éléments de la vie communautaire. Non pas la confiance absolue, affective, des mariages heureux et des familles équilibrées. Une culture de droit balance entre la confiance et le soupçon : nous ne nous faisons confiance que juste assez pour trancher nos différends, pas au point d'oublier que les autres pourraient empiéter sur nos droits.

Les droits ne font donc pas davantage que légitimer les griefs individuels. Ils expriment des valeurs, inspirant ainsi un respect prudent, et favorisent un certain sens de communauté. Il est dans la nature même d'une collectivité que chaque membre éprouve des moments de déception ainsi que des craintes sur son manque de solidité. Car une communauté de droits est une communauté de discussion constante. L'équilibre recherché suppose que l'on ait assez d'objectifs communs pour résoudre les disputes, mais pas au point de ligoter les individus dans une camisole de force collective.

Je n'ai encore parlé que de droits civils et politiques, et du genre de corps politique — querelleur, inachevé et pourtant capable de cohésion — qu'ils permettent de créer. Ces droits découlent, dans une collectivité nationale, de la citoyenneté même. C'est leur rapport aux solutions offertes qui donne un sens à ces droits. Je dois maintenant parler d'une autre catégorie, ce qu'on appelle aujourd'hui les « droits humains ». J'ai expliqué que ces droits ne découlent pas de la citoyenneté ou de la nationalité, mais du simple fait d'être un être humain. D'où naissent-ils ? La réponse n'est pas simple. Imaginons que celui à qui on demande ce qu'il est réponde : « Un être humain. » Nous ne serions guère plus avancés. Le problème fondamental est que la notion de droits de l'homme ne précise pas à quelle collectivité ces droits s'appliquent et quels avantages ils confèrent.

On répondra, bien sûr, que la race humaine est la collectivité à laquelle on se réfère. Mais quelle espèce de collectivité est-ce là ? Pis encore, de quelle sorte d'identité s'agit-il ? En fait, dans la vie quotidienne, nous ne rencontrons pas d'êtres humains en tant que tels, mais des membres de diverses races, tribus, classes, professions ou religions. De diverses collectivités. En nous présentant, nous signalons tous notre spécificité : nom, lieu de naissance ou origine, religion ou orientation. C'est par la différence que nous nous définissons, et non par l'humanité que nous partageons.

Les penseurs se heurtent depuis longtemps à la question de la vraie nature de l'identité. La Révolution française a cherché à universaliser la notion de droits dans la Déclaration des droits de l'homme et du citoyen de 1791. Quelques années plus tard, le vieux penseur réactionnaire Joseph de Maistre écrivait qu'il avait connu bien des gens dans sa vie, des Français, des Espagnols, des Portugais, des hommes et des femmes, des riches et des pauvres, mais qu'il n'avait jamais rencontré l'Homme avec un grand H[4]. À la même époque, le philosophe anglais Jeremy Bentham disait à peu près la même chose, qualifiant ce que nous appelons aujourd'hui les droits de l'homme de « non-sens sur béquilles ». Il voulait dire par là qu'il ne comprenait pas de quoi on parlait exactement, d'où venaient ces droits, et comment on pourrait les appliquer[5]. Et si on ne peut jouir d'un droit, à quoi bon le proclamer ?

Si tous les humains bénéficiaient de la sécurité qu'assurent les corps politiques qui reconnaissent les droits fondamentaux, peut-être Bentham et de Maistre auraient-ils raison. En fait, ce genre de société est rare, et souvent menacée. Des milliards d'humains vivent sous des régimes tyranniques ou dans des États imparfaits ou faibles, où rien n'est assuré. Ils ont besoin des « droits humains » parce qu'ils n'en ont pas d'autres. Nous voyons donc que ces droits dits humains sont un minimum qu'il faut avoir, indépendamment du pays de résidence et de la citoyenneté. Ce sont les droits qu'ont tous les hommes et toutes les femmes quand tout le reste leur a été enlevé, qu'ils n'ont alors plus d'autre recours et qu'ils doivent assurer seuls leur défense. Selon les droits « humains », les individus peuvent se défendre seuls, hors de tout autre recours. Et cela justifie des moyens extrêmes, c'est-à-dire en dehors de la stricte légalité.

Cela n'implique pas nécessairement que l'on recoure aux armes. Cela peut signifier que l'on demande de l'aide outre-frontière. Les droits de l'homme créent une relation extraterritoriale entre les gens sans défense et ceux qui pourraient les aider. La révolution des droits survenue depuis 1945 a étendu les frontières de la collectivité, de sorte que nos obligations ne s'arrêtent plus à celles des pays. Ce devoir d'ingérence, devoir nouveau, à une époque où les médias diffusent les images de la misère et de la souffrance humaine partout dans le monde[6], nous place devant une question fort ancienne : qui est mon frère ? qui est ma sœur ? Quels problèmes dois-je faire miens ? Quels droits, outre les miens, dois-je défendre ?

Ces questions ne s'appliquent pas qu'à des étrangers de contrées lointaines, mais à nos portes même, dans les lieux de quarantaine de nos aéroports, où débarquent immigrants, réfugiés et demandeurs d'asile. Notre système leur reconnaît certains droits, mais ils restent vulnérables devant les administrations et les forces de l'ordre et la protection des droits universels est importante pour eux. En particulier, la Convention des Nations unies sur l'asile politique (1951) stipule que des gens ont le droit d'être reçus dans un autre pays que le leur s'ils peuvent prouver qu'ils sont en danger. Dans ce cas, on ne peut les renvoyer d'où ils viennent. Bien sûr, certains, qui émigrent pour des raisons économiques, abusent de ces privilèges, mais il est inévitable que les meilleures choses soient parfois utilisées à mauvais escient. De tels abus ne justifient pas l'abrogation du droit : ils imposent seulement d'être vigilants contre les fraudeurs. Ainsi, il est tout à fait légitime qu'un pays subordonne le droit d'asile à la preuve que le demandeur est en péril, ou qu'il limite le nombre d'immigrants qu'il peut absorber[7]. L'immigration peut dépasser la capacité d'une société de traiter les immigrants avec justice et de les aider à refaire leur vie. Des restrictions exagérées, par contre, transforment les sociétés riches en chasses gardées. Toute politique d'immigration doit concilier le souci d'aider les gens en danger ou dans le besoin et la nécessité tout aussi importante d'assurer la cohésion d'une collectivité nationale tout en conservant sa capacité de compassion[8].

Les droits humains protègent tous ceux qui n'ont pas de droits civiques, mais ils sont importants également pour ceux qui jouissent de droits découlant de leur citoyenneté. Même les États de tradition démocratique dotés d'institutions juridiques solides violent parfois les droits de leurs propres citoyens et même les droits de l'homme, et cela dans la plus parfaite légalité. Les conditions déplorables qui sévissent dans beaucoup de prisons d'Occident en sont un exemple patent. Aucune loi n'interdit d'isoler un prisonnier pendant un temps excessif, ou n'empêche ses gardiens de le traiter avec mépris. Pourtant, ces agissements violent les droits de l'homme. On justifie ces traitements aussi injustes que légaux en prétendant que les criminels ont renoncé, de par leur conduite, au droit d'être traités avec justice. C'est une grave erreur : les sentences prescrivent la perte de certains droits, pas de la totalité. Cette erreur est ancrée dans un profond instinct de vengeance que des siècles de tradition démocratique ou philosophique n'ont pas réussi à dissiper. La notion de droits humains incarne la proposition contraire : quelque méfait qu'un individu ait commis, il reste un être humain et on ne peut lui nier le droit d'être traité comme tel.

Les sociétés occidentales n'ont guère fait honneur à cette obligation. Par exemple, il est honteux que des milliers de personnes, de la fin des années 1930 jusqu'aux années 1970, aient été stérilisées sans leur consentement et parfois même lobotomisées dans des institutions pour handicapés mentaux, au Canada et dans de nombreux autres pays. Ces interventions étaient pratiquées dans leur intérêt, pensait-on, par des médecins qui se plaisaient à penser que leurs motivations étaient au-dessus de tout soupçon. Dangereux mensonge. En Alberta et dans d'autres juridictions canadiennes et américaines, ainsi qu'en Scandinavie, des jeunes femmes qualifiées de « déficientes » et tenues pour incapables d'assumer une maternité, ont été stérilisées sans leur consentement en vertu de lois eugéniques adoptées avec l'appui enthousiaste des médecins[9].

L'une des fonctions essentielles de toute législation sur les droits de l'homme est donc de protéger des êtres humains des bonnes intentions du corps médical. On impose l'obligation de respecter le choix des individus — si faiblement que s'exprime ce choix — et de s'abstenir de toute action, même avec les meilleures intentions du monde, quand une personne émet des objections ou manifeste des signes de refus. (Car il appartient à l'essence de l'être humain d'avoir une volonté, même limitée ou faillible.) Il est évidemment difficile de toujours s'en tenir à la règle, mais c'est dans les cas limites que l'on prend la vraie mesure du respect des gens, en particulier avec des malades ou des aliénés incontinents, qui ne savent que bafouiller, avec des prisonniers qui exigent le respect qu'ils n'ont pas manifesté envers autrui, des adolescents indomptables, dont la conduite semble appeler la sanction. Accorder à ces êtres la protection de la loi, le choix de consentir ou non à quelque chose et toute l'autonomie qu'ils sont capables d'exercer sans causer de mal à autrui, cela est la preuve que nous croyons vraiment à l'importance des droits humains.

Pourtant, même cela ne suffit pas. Dans certaines situations extrêmes, il nous faut des ressources particulières d'humour, de compassion et de sang-froid. Ces vertus puisent dans un sens profond de l'indivisibilité humaine, dans la reconnaissance de l'Autre en nous et de nous-mêmes en l'Autre, toutes choses que la doctrine des droits exprime mais n'a pas le pouvoir d'instiller dans l'âme humaine.

En ce sens, ce vieux réactionnaire de Joseph de Maistre avait tort. Nous avons bel et bien rencontré l'Homme. Il est en nous. Les droits humains tirent leur force de la conscience que nous avons d'appartenir tous à la même espèce et du fait que nous nous reconnaissons nous-mêmes dans chaque être humain que nous rencontrons. Aussi est-ce se reconnaître et se respecter soi-même que de reconnaître et de respecter l'étranger. Si paradoxal que cela puisse paraître, il est essentiel d'avoir le sentiment intense de sa propre valeur pour reconnaître celle d'autrui.

D'autre part, il n'est pas aisé de reconnaître l'humanité d'autrui. L'Autre est parfois grossier, agressif, violent, fou ou tout simplement si différent par la langue, la culture et les valeurs qu'il est difficile de voir ce que nous avons en commun avec lui.

Admettons également qu'il n'y a rien de spécialement naturel dans cette sorte de reconnaissance, de sentiment de l'unité de l'espèce humaine. Historiquement parlant, cette idée, issue des religions monothéistes et de la loi naturelle, est un ajout plutôt récent au vocabulaire moral de l'humanité. L'universalisme a dû se frayer un chemin dans nos cœurs contre une notion beaucoup plus intuitive : celle que les seuls humains dont il faille se soucier sont ceux qui nous ressemblent.

Charles Dickens nous a laissé dans *La Maison d'Âpre-Vent (Bleak House)* un immortel portrait satirique de la dame patronnesse du milieu du XIXe siècle, Mme Jellyby, qui fit campagne toute sa vie pour le bien-être des enfants africains. Elle avait l'air perdu des gens qui ont fixé leur intérêt sur les plus lointains des problèmes. Ce que Dickens reprochait à cette bonne dame, évidemment, était de négliger abominablement ses propres enfants[10]. Nous connaissons tous de ces gens qui associent la plus théorique des vénérations pour les droits de l'homme et l'absence la plus totale de respect pour les êtres en chair et en os qu'ils croisent sur leur chemin. Il semble clair que la charité, pour ne rien dire de la simple décence, commence à la maison, et que nous avons de bonnes raisons de mettre notre morale en pratique dans notre entourage.

Pourtant, nos engagements sont interreliés, en cercles concentriques de plus en plus vastes. Cela va des personnes qui sont le plus près de nous jusqu'à de parfaits étrangers. L'engagement pour les droits humains est le cercle ultime de nos obligations, mais il peut être aussi fort que celui que nous avons envers nos proches. L'amour que nous éprouvons pour nos proches est le fondement même de l'intérêt que nous accordons au reste de l'humanité. Les grands principes qui ne s'enracinent pas dans l'affection témoignée à des personnes précises ne tiennent pas longtemps.

Cette attitude impose une conception particulière de la relation entre l'égalité et la différence. Dans cette conception, l'égalité se manifeste dans la différence même. Ce que nous avons d'humain en commun, c'est la façon dont nous nous distinguons en tant que peuples, collectivités ou individus, il n'y a pas que le corps que nous ayons en commun, mais aussi la façon dont nous le parons, le parfumons, le maquillons, l'habillons de façon à proclamer notre identité d'hommes, de femmes, de membres d'une tribu ou d'une collectivité[11].

C'est une expérience terrible que d'être forcé de se dévêtir devant un inconnu. Garde sa dignité celui qui est revêtu de ses atours, déguisé même, et non pas l'homme nu, dépouillé, qui cache sa honte de ses mains. Être nu devant un étranger, c'est être dépouillé de sa décence et de sa liberté d'agir. La nudité peut éveiller la pitié, bien sûr, et c'est là une forme élémentaire de reconnaissance de l'humanité de quelqu'un, mais c'est aussi la moins forte, car elle présuppose la faiblesse et la fragilité de celui envers qui cette pitié s'exerce. Nous savons d'expérience que celui dont la vie même dépend de la pitié d'autrui est absolument sans défense. Lors de la Shoah, la destruction des Juifs d'Europe, l'une des techniques les plus efficaces pour déshumaniser les victimes consistait à les dépouiller de tous leurs biens, de leurs vêtements, de leurs lunettes, même de leurs cheveux. Un camp d'extermination était une usine diabolique conçue pour dépersonnaliser des personnes dotées d'une identité et d'une histoire et pour les broyer, sur l'enclume de la souffrance, en simples fragments de l'espèce humaine. Faisaient-elles appel à la pitié de leurs persécuteurs que ces personnes découvraient que leurs bourreaux les considéraient simplement comme de la chair. Ayant réduit l'individu à la matière dans la terrible égalité de la nudité, ils pouvaient dès lors lui faire subir n'importe quoi. Dans leur état d'humiliation absolue, les victimes marchaient sans résistance à leur propre mort.

Non que toute résistance fût inexistante ; ceux qui réussirent à survivre s'étaient accrochés, contre toute espérance, aux restes d'humour, d'espoir, de volonté, de personnalité qui les distinguaient de la terrible égalité des autres. Cette ténacité, cette détermination à rester différents n'impliquaient pas qu'ils fussent coupés des autres. Au contraire, en s'accrochant à leur individualité, ces gens broyés par la souffrance pouvaient mieux voir leurs compagnons, les aider et résister tant bien que mal[12].

Les droits humains, donc, n'ont pas pour fonction de protéger l'identité abstraite de l'homme nu, ni d'exprimer dans une langue juridique notre sentiment naturel de pitié, mais bien de protéger des hommes et des femmes réels dans leur histoire, leur langue et leur culture, avec toutes leurs irréductibles et incorrigibles différences. L'objectif des droits humains n'est pas de faire des personnes menacées les pupilles de celles qui sont en sécurité, mais de protéger et de restaurer leur liberté d'action, de sorte qu'elles puissent se défendre seules[13]. Les droits humains ne servent pas qu'à ceux qui ont perdu tous leurs autres droits. Ils ont aussi une fonction vitale pour ceux qui vivent dans des régimes de droit, où les droits politiques et civils sont clairement affirmés. Depuis Rome, la tradition européenne a cultivé la notion de loi naturelle, qui fournit un point de comparaison idéal pour la critique et la réforme des lois écrites. Il a toujours régné une forte tension entre ceux qui acceptent la loi telle quelle, avec sa brutale jurisprudence, et ceux qui souhaitent y inscrire la conception idéale de l'esprit rationnel. La loi naturelle est née du désir de mettre de l'ordre dans la jungle juridique et, en faisant appel à des valeurs universelles, de remédier aux injustices qu'elle cautionne. La loi naturelle fournit un repère pour jauger les lois du pouvoir et invoquer un droit de résistance quand ces lois ne peuvent être changées[14].

La notion que nous avons des droits humains découle de cette tradition de la loi naturelle. Dans le monde contemporain, les droits humains ont été le modèle international qui a permis d'améliorer les droits politiques et civils. Par exemple, quand les Britanniques ne peuvent avoir recours à leurs tribunaux nationaux, ils peuvent s'adresser au Tribunal européen des droits de l'homme à Strasbourg. Souvent, ce tribunal tranche contre la Grande-Bretagne et, généralement, quand cela se produit, Londres révise ses lois, quoique pas toujours[15].

Ne croyons pas que les Britanniques se réjouissent de cette situation. Plusieurs estiment qu'il s'agit d'une violation de la souveraineté nationale. De quelle autorité « ces gens-là » (les juges de Strasbourg) changent-ils le droit des nations ?

Cela soulève une importante question de principe. Beaucoup estiment que la suprématie des organismes internationaux entre en conflit avec le droit qu'ont les diverses cultures nationales de faire leurs propres lois. En Grande-Bretagne, cette suprématie est légitimée par le fait que la Convention européenne des droits de l'homme s'appuie sur une tradition juridique que les Britanniques reconnaissent comme similaire à la leur. Mais dans beaucoup de pays musulmans, en Afrique et en Asie, la défense des droits de l'homme est perçue comme une tentative d'imposer des normes européennes à une culture qui a ses propres traditions tout aussi légitimes. Qu'est-ce qui permet à l'Occident d'imposer sa conception des droits de l'homme aux autres cultures ? Rien. Si les droits protègent la liberté, ne faut-il pas respecter la liberté de toutes les cultures ? L'argument selon lequel ces cultures partageraient notre idéal des droits de l'homme si seulement elles savaient ce que nous savons — ce qui est censé nous donner le droit d'intervenir d'autorité — n'est pas un bon argument. L'idée que certains peuples sont incapables de voir leur véritable intérêt n'est qu'une justification du paternalisme ou de la tyrannie. Les victimes ne sont des victimes que lorsqu'elles disent l'être. Le corollaire est que nous ne sommes en droit d'intervenir que si on nous demande notre aide.

Le langage des droits implique le respect, et le respect implique le consentement. Au Pakistan — et même au Canada, en fait —, si les femmes acceptent la *charia*, c'est leur affaire. Mais si elles veulent étudier ou prendre l'époux de leur choix et nous demandent notre appui contre les autorités religieuses ou civiles de leur pays, alors nous pouvons intervenir pour les aider dans la mesure du possible. Mais l'aide doit rester de l'aide : elle ne doit pas impliquer la conversion ou l'assimilation. Nous n'avons pas à imposer notre mode de vie. Le discours des droits et la culture occidentale doivent rester distincts. D'autres cultures désirent bénéficier de droits sans avoir à adopter la mode, la nourriture ou la technologie de l'Occident. Dans la mesure où les Occidentaux sont appelés à l'aide, ils ont aussi l'obligation, inhérente au discours des droits, de respecter l'autonomie des cultures.

La difficulté de concilier les droits humains et les valeurs locales ne surgit pas que dans les sociétés non occidentales. Elle se présente même chez nous. Dans les sociétés d'Occident, la loi est censée exprimer la volonté populaire. D'où une question bien réelle : est-ce que les déclarations de droits, rédigées par une caste de juristes internationaux non élus, peuvent avoir préséance sur les lois nationales adoptées par les représentants du peuple?

Les États-Unis sont l'un des lieux où cette question se pose. Le Congrès des États-Unis a toujours refusé de ratifier les traités internationaux sur les droits de l'homme, comme la Convention sur le génocide, les protocoles additionnels aux Conventions de Genève ou la Convention internationale des droits des enfants[16]. On considère que ces documents entrent en conflit avec les lois américaines et sont une atteinte à la souveraineté du Congrès et du peuple américains. Cette attitude tient du pharisaïsme : elle naît de l'idée selon laquelle la patrie de la liberté n'a rien à apprendre de quiconque[17]. Les États-Unis ont une attitude paradoxale en matière de droits de l'homme : la Constitution américaine est l'incarnation même d'une noble tradition de droits, et des leaders comme Eleanor Roosevelt[18] ont contribué à la rédaction de documents universellement acceptés, mais le Congrès et une large partie de l'opinion estiment qu'un étranger n'a pas le droit, par exemple, de critiquer les conditions de vie dans les prisons américaines, ou de dire que la peine de mort est appliquée de façon injuste et discriminatoire dans certains États, spécialement au Texas.

Les droits de l'homme sont donc en conflit avec la souveraineté populaire comme expression de la culture nationale[19]. Mais ce conflit est nécessaire. Les démocraties n'ont pas toujours raison. Si les décisions de la majorité sont injustes, les minorités dissidentes doivent pouvoir en appeler à une loi supérieure. Les lois fondées sur les droits de l'homme offrent cette possibilité. Aux États-Unis, les opposants à la peine capitale s'appuient sur les droits universels autant que sur la Constitution américaine. Il n'est pas possible d'éliminer la tension entre les principes sur lesquels reposent les droits de l'homme et la démocratie. En fait, cette tension est essentielle à la protection de la liberté.

Le Canada ne respecte pas toujours les droits civils ou politiques. Il les a même suspendus parfois, comme en octobre 1970, avec la Loi sur les mesures de guerre : le gouvernement fédéral, prétextant qu'une insurrection menaçait d'éclater au Québec, a eu recours à l'armée et jeté en prison sans procès plus de cinq cents personnes soupçonnées de sympathie envers les terroristes. Les libertés fondamentales ont été restaurées une fois l'alerte passée, mais elles auraient bien pu ne pas l'être. Et il est arrivé que des gouvernements abolissent ces libertés de façon permanente. L'Allemagne des années 1920 était une démocratie, avec une Constitution et un régime de droit. Mais la crise économique et le chaos qui l'a accompagnée ont poussé des millions d'électeurs dans les bras d'Hitler. On ne saurait trop rappeler qu'à son arrivée au pouvoir en 1933, Hitler jouissait d'un vaste appui populaire. Tout comme les mesures que prit le régime nazi, comme l'abolition pour certains citoyens du droit de voter, du droit de propriété et même de celui de se marier. Les lois de Nuremberg, qui abrogeaient tous les droits des Allemands d'origine juive, furent appliquées par des avocats et des juges formés dans la plus pure tradition juridique européenne. L'un des aspects les plus terrifiants du nazisme est le semblant de légalité qui fut donné aux injustices les plus barbares et les plus immorales, et l'appui populaire que les Allemands accordèrent à ces actions. En fait, fût-il décédé en 1937, Hitler aurait pu passer à l'histoire comme le plus grand des Allemands depuis Goethe. Cette leçon de l'Histoire est que même un Reichstag, même un Parlement, même une société policée peuvent approuver des mesures qui créent des parias. De la négation des droits civiques à l'obligation de porter l'étoile jaune, l'Allemagne a franchi un pas. Elle en a franchi un autre avec la déportation vers les camps. Et avec la déportation, pour la plupart des Allemands, le problème n'existait tout simplement plus.

Ces événements horribles nous disent qu'il doit exister quelque loi suprême, quelque ensemble de droits qu'aucun gouvernement, aucune autorité humaine ne puisse abolir. Et cette loi suprême a pour effet d'arracher la conscience individuelle à son sommeil. Ainsi, un citoyen, voyant que l'on arrête ses voisins, aura le courage de penser que c'est peut-être légal, mais mal. Et peut-être osera-t-il dire publiquement : « Assez ! Cela doit cesser. »

Ce genre de courage est un mystère, mais nous savons qu'il naît de l'exemple, de l'enseignement de nos parents, et aussi de notre culture. La richesse culturelle de la nation allemande est immense : de l'*Hymne à la Joie* de Schiller, qui célèbre l'unité profonde de la race humaine, au *Fidelio* de Beethoven, avec son inoubliable hymne à la liberté. Pourtant, ces chefs-d'œuvre n'ont pas inspiré l'Allemand moyen et ne l'ont pas poussé à mettre fin à l'abomination qui se perpétrait sous ses yeux.

Devant l'insuffisance des ressources culturelles de l'Europe à cette époque, les Alliés décidèrent d'imposer un langage nouveau qui renforcerait la capacité des citoyens de résister aux ordres injustes et de se dresser contre l'arbitraire. L'essentiel de ce langage affirmait l'indivisibilité, c'est-à-dire le principe selon lequel les droits de chacun sont ceux de tous et les coups que l'on frappe la nuit à la porte d'un Juif sont frappés à la porte de n'importe qui et de tous. C'est le contexte, me semble-t-il, dans lequel il faut situer l'affirmation des droits de l'homme au lendemain de la Deuxième Guerre mondiale. La Déclaration universelle des droits de l'homme, proclamée par les Nations unies en décembre 1948, fut la première d'une panoplie de lois dont la fonction première est de donner à tout citoyen la capacité de reconnaître le mal, ainsi que le moyen de le dénoncer et de s'y opposer. Les législations sur les droits humains constituent l'un des instruments que nous avons conçus pour affirmer le courage des individus et leur donner la capacité d'intervenir pour les autres.

La Déclaration universelle des droits de l'homme a modifié l'équilibre des forces entre les souverainetés nationales et le droit des gens. Elle affirme que les droits de la personne sont censés prévaloir sur les lois de l'État quand ces derniers abusent de leur pouvoir. Ce changement est probablement le plus révolutionnaire de tous ceux qui sont survenus dans l'ordre européen depuis les traités de Westphalie en 1648. D'année en année, nous nous rapprochons d'une situation où les pouvoirs des États souverains sont subordonnés aux droits fondamentaux des citoyens. Les Nations unies peuvent autoriser des interventions partout où l'État viole systématiquement les droits des citoyens. Ces interventions vont des sanctions économiques jusqu'à l'intervention militaire. Dans les années 1930, les exactions du IIIe Reich étaient perçues comme une affaire strictement intérieure. Aujourd'hui, les crimes commis dans une province de Serbie justifient une intervention militaire. Nous avons fait beaucoup de chemin.

Néanmoins, cette évolution est remise en question par beaucoup. De plus en plus largement admise, l'obligation de protéger des étrangers hors de nos frontières n'est pourtant ni claire ni précise, et elle présente des dangers certains. Elle peut servir de paravent à l'impérialisme, qui est la négation même d'un droit fondamental : celui de se gouverner sans ingérence étrangère.

Les interventions des dix dernières années, en Somalie, en Bosnie, au Kosovo, ont toutes été lancées au nom des droits de l'homme, et toutes contredisaient le droit des peuples de mener leurs affaires sans ingérence étrangère. Comment résoudre cette contradiction ? L'obligation de protéger les droits des gens est limitée par le discours sur le sujet. Nous ne pouvons intervenir dans la vie des peuples que s'ils le réclament explicitement. Les règles qui s'appliquent entre nations s'appliquent aussi à l'intérieur de chacune d'elles. Quand les voisins se querellent, que leurs éclats de voix traversent les murs, nous n'avons pas le droit d'intervenir ; c'est leur affaire. Mais si des coups et des appels au secours se font entendre, nous ne serions pas dignes d'appartenir à la race humaine si nous n'intervenions pas. À ceux qui nient le devoir d'ingérence au nom de la souveraineté des nations, il faut répondre que le plus souvent ce sont les victimes des États délinquants qui réclament l'intervention. C'est en effet la première condition qui justifie une intervention : l'appel pressant des victimes. Mais il y a d'autres conditions : les exactions doivent être graves et systématiques ; elles doivent déborder dans les pays voisins, provoquant des mouvements de réfugiés et mettant la stabilité de la région en péril ; et l'intervention doit avoir des chances réelles de réussir et de faire cesser les abus. Une intervention n'est pas justifiée si elle vise seulement à punir ; elle doit avoir pour seul but de protéger. Il doit au surplus s'agir d'un dernier recours. La force n'est jamais juste tant que l'on n'a pas épuisé tous les moyens pacifiques. Ceux qui interviennent doivent aussi obtenir le consentement de la communauté internationale, préférablement du Conseil de sécurité des Nations unies. Qui veut d'un monde où les principes sous-jacents à la protection des droits justifieraient des interventions militaires unilatérales ? Un État qui croit devoir intervenir doit d'abord convaincre les autres, et le Conseil de sécurité est l'organe tout indiqué pour ce faire. Il peut arriver que l'une ou l'autre des puissances qui siègent au Conseil oppose son *veto* à une action dont la nécessité est pourtant impérieuse. Dans ce cas, un groupe de pays pourrait former une alliance et décider d'agir, et cette action serait justifiée si elle répondait à toutes les conditions décrites ci-dessus. Finalement, les droits de l'homme ne peuvent servir de justification à l'occupation militaire permanente du territoire d'un peuple ou d'une nation. Une intervention doit prendre fin sitôt que la tuerie est terminée et que les victimes sont rentrées chez elles[20].

Je laisse à d'autres le soin de juger si les interventions récentes répondaient à ces critères[21]. Je veux seulement montrer que le concept de la primauté des droits humains comporte ses propres limitations. Il justifie l'usage de la force en certaines circonstances, mais ceux qui invoquent le devoir d'ingérence ont eux-mêmes celui de s'imposer des limites, d'obtenir le consentement de leurs protégés et des autres États et de repartir une fois leur tâche accomplie.

Cela dit, je dois reconnaître que l'usage de la force sera toujours un sujet de controverse. Ce que d'aucuns voient comme une mission humanitaire apparaît à d'autres comme une manifestation d'impérialisme et comme la violation de la souveraineté d'une nation. Ceux qui tiennent les principes des droits humains pour une sorte de bon sens universel comprennent mal que toute revendication de droits, même de ceux qui nous semblent aller de soi, apparaisse contestable à d'autres. La défense des droits de l'homme n'est pas un dogme religieux; l'autorité qu'elle confère n'est que l'autorité de la dialectique, pas celle de la foi. Les droits de l'homme ne sont pas, comme au jeu de cartes, un atout qui puisse faire cesser le débat. Il n'y a pas d'atout dans le domaine de la moralité. Il n'y a que des arguments, et certains sont plus convaincants que d'autres. Et la légitimité de l'ingérence au nom des droits, qu'il s'agisse d'invasions militaires ou d'interventions individuelles, sera toujours limitée et conditionnelle. C'est un mal pour un bien, puisqu'on ne pourra jamais obtenir la sorte de consensus par lequel on justifie parfois une brutalité extrême.

Ce serait une erreur, en d'autres mots, de proposer les droits de l'homme comme l'expression d'une moralité pure et abstraite. Les droits servent à justifier la force et la résistance et, comme tout principe, celui-là est susceptible d'excès. On peut utiliser le discours des droits pour justifier le mal comme le bien. Mais il comporte, bien interprété, ses propres limitations. Affirmer le droit de faire une chose implique celui, pour d'autres, d'y résister. Toute affirmation exige une justification, et toute justification suppose la possibilité d'un refus.

Résumons-nous. La première objection que je réfute est celle qui veut que le discours des droits soit une apologie de la force. Je crois au discours des droits précisément parce qu'il limite, au contraire, l'usage de la force.

La deuxième consiste à prétendre que les droits sèment la division dans le corps politique. Je reviendrai là-dessus plus loin, parce que l'accusation ne manque jamais de ressurgir, mais je veux souligner ici que les droits impliquent une réciprocité, qui est le fondement même de la collectivité. De plus, les droits ne protègent pas que des revendications individuelles, mais aussi des valeurs collectives. Le droit est indivisible. Si l'on s'en prend à vous, on s'en prend à moi. Nous devons tous nous serrer les coudes.

La troisième objection que je rejette est celle selon laquelle les droits nient les différences. Marx était dans l'erreur en écrivant, en 1843, que la notion de droits nous réduit à l'état d'individus abstraits et identiques, unis par la seule vérité biologique. Je dis que c'est précisément le contraire. Si la valeur suprême que les droits protègent est la liberté d'action des humains, il faut considérer que la différence, l'élaboration constante de déguisements, d'affirmations, d'identités et de revendications, tant individuellement que collectivement, sont l'expression fondamentale de cette liberté. Croire à la nécessité des droits, c'est défendre les différences.

Enfin et surtout, les droits ne sont pas des abstractions. Il sont au cœur même de nos valeurs et de notre vie collective. Nous en jouissons parce que d'autres avant nous les ont conquis, y sacrifiant même leur vie. Notre engagement pour la défense des droits est un engagement envers nos aïeux. Nous leur devons d'entretenir la vitalité du droit à la dissidence, à l'appartenance et à la différence. Dans le prochain chapitre, j'expliquerai en détail comment une collectivité comme la nôtre parvient à réconcilier ces valeurs qui font de nous ce que nous sommes.

CHAPITRE III

Le billard et la mosaïque : droits individuels et droits collectifs

Le concept même de droits implique que les miens sont égaux aux vôtres. Sinon, on ne parlerait pas de droits, mais de privilèges, différents selon les groupes. L'objectif fondamental de toute communauté politique fondée sur les droits est d'assurer l'égalité de tous. L'engagement de traiter tous ses membres de la même façon est ce qui unit une nation.

L'ennui, c'est que personne ne veut être traité comme tout le monde. C'est le minimum exigé, mais on en veut davantage. On exige l'égalité, mais on veut voir sa différence reconnue et acceptée. Nous désirons tous que les autres nous acceptent à la fois comme individus et comme membres de groupes différents, et qu'ils nous reconnaissent le statut correspondant. Cette reconnaissance est largement accordée en privé, mais nous voulons en plus que notre spécificité soit reconnue officiellement. Tout citoyens que nous sommes, nous voulons que le pouvoir reconnaisse aussi nos besoins particuliers. Mais il n'est pas facile de concilier ces demandes contradictoires d'individualité et d'égalité. Les médecins, les travailleurs sociaux, les agents de police apprennent souvent à leurs dépens qu'il n'est pas facile de répondre aux besoins individuels tout en respectant la justice. Un élu ou un fonctionnaire qui consent des faveurs particulières se rend coupable de corruption. La corruption viole le principe selon lequel tous ont des droits et personne ne doit avoir de privilèges. Du moins, c'est ainsi que les choses devraient se passer, ce qui n'est pas toujours le cas. Chacun cherche à s'assurer quelque privilège. Et le fait que le système politique fonctionne de façon honnête et équitable en général témoigne de la force de l'idéal d'égalité.

La notion d'égalité et celle d'équité qui en est le corollaire créent une vision particulière du sentiment national. Ce sentiment naît de la conscience que chaque citoyen a d'avoir à peu près les mêmes droits et les mêmes responsabilités que tous les autres, ni plus ni moins. Si cet idéal d'égalité est partagé par tous les habitants du pays, celui-ci est un espace politique habité par des égaux et la nation est unie et homogène. Aucune région, aucun groupe n'ont plus de pouvoirs que les autres.

Ce n'est pas par hasard que cet idéal rappelle la classe de physique. Au XVIIe siècle, quand les philosophes politiques comme Thomas Hobbes et John Locke décrivirent l'État idéal comme une collectivité d'individus égaux unis par un contrat social dans l'état de nature, Isaac Newton venait de décrire le monde sur le même modèle : des unités de masse pure, atomes et molécules, en interaction dans un milieu indifférencié appelé espace, et soumises aux lois de la gravité. À dater de ce jour, la théorie politique a cherché à construire les modèles politiques selon les schèmes scientifiques newtoniens.

Quittons le cours de physique pour la salle de billard. La métaphore change. La table de billard est l'État. Les boules sont les individus. Le tapis vert est le territoire commun. Les lois sont les bandes. Dans ce modèle, les boules doivent toutes rouler sur le tapis avec la même facilité. C'est-à-dire qu'elles doivent toutes être sphériques et aussi polies les unes que les autres.

C'est là que l'analogie avec la politique devient boiteuse. Personne n'accepte de passer au tour même si le jeu en serait facilité. Chacun veut mener sa partie à sa façon.

Le défi politique de toute nation est donc de créer une société dans laquelle tous auraient les mêmes droits, mais sans éliminer les différences qui font l'identité des individus ou des groupes. Comment ? Et comment reconnaître les différences sans mettre en péril l'unité ?

La conciliation de ces objectifs est difficile parce que l'égalité et l'acceptation des différences se situent dans des espaces politiques distincts. L'égalité s'accorde bien avec le modèle newtonien d'un espace politique unifié, comme le tapis de billard. La reconnaissance des différences nécessite un espace politique qui ressemble à une mosaïque*.

Le dilemme, c'est qu'il est impossible de choisir l'un ou l'autre de ces modèles. Les nations ont des caractéristiques des deux. Dans un État nation, il est fondamental que tous les citoyens disposent des mêmes droits sur tout le territoire. Il peut exister divers ordres de gouvernement, mais la distribution des pouvoirs doit réduire les redondances et donc les risques de conflit. C'est le modèle newtonien. Mais nul pays n'est situé dans un espace purement newtonien. Une nation est aussi un organisme historique, où les strates du passé et les institutions politiques révolues affleurent à la surface du système contemporain. Ainsi, au Canada, dans la structure politique créée par la Constitution, les quatre gouvernements coloniaux qui existaient avant 1867 subsistent toujours. Chacune de ces colonies n'a accepté d'adhérer à la Confédération qu'à la condition que sa spécificité soit protégée. La plus spécifique,

---

* N.d.T. *Patchwork*. J'ai préféré « mosaïque » au mot anglais ou à sa traduction courante de courtepointe, une courtepointe (« couverture de lit piquée et ouatinée ») n'étant pas nécessairement un *patchwork*. D'autre part, celui-ci suppose généralement une répétition assez rigide des motifs qui semble nier l'idée de diversité que veut exprimer l'auteur.

bien sûr, était la colonie d'origine et de culture françaises dont les lois, la langue et la religion étaient protégées par des lois britanniques et des édits remontant à 1774. Le Québec n'acceptait de faire partie de la nouvelle fédération que si sa différence était inscrite dans la Constitution, avec la même valeur que les garanties d'égalité civique. Le Québec obtint cette reconnaissance et le Canada fut donc, dès le premier jour, à la fois un billard et une mosaïque[1].

Le deuxième groupe qui détenait des droits spécifiques était celui des peuples autochtones. Une proclamation impériale de 1763 avait reconnu les droits issus de traités et par conséquent l'identité de ces nations. Leur intégration dans la fédération aurait normalement dû garantir leurs droits collectifs et leur différence autant que leur égalité avec les autres citoyens. Mais ce n'est pas ce qui arriva. En 1867, les autochtones ne furent pas invités à participer à l'édification du nouvel ordre politique. On ne tint nul compte des traités qui définissaient jusque-là leurs relations avec les peuples colonisateurs et on ne les reconnut pas en tant que nations. Absents à la fondation du pays, ils devinrent en vertu de la Loi sur les Indiens des pupilles de l'État fédéral. Exemptés de certaines obligations civiques, comme les impôts et les taxes, ils perdirent aussi le droit d'élire leurs représentants, de s'organiser comme peuples libres et de régner en maîtres sur les terres et les richesses naturelles dont ils dépendaient pour leur survie.

En rétrospective, cela s'explique. Les colons n'eurent intérêt à signer des traités qu'aussi longtemps que les peuples autochtones eurent la force de leur faire la guerre. Mais, sitôt qu'ils furent assez nombreux pour vaincre les indigènes, ils s'emparèrent des terres au mépris des ententes signées et refoulèrent leurs occupants dans l'arrière-pays. À force égale, on leur reconnaissait des droits ; l'équilibre une fois rompu, on violait ces droits. Le respect ne tenait qu'à la dépendance mutuelle. Il disparut avec elle, quand l'une des deux parties fut en mesure d'imposer sa loi. À ce moment, l'image de l'indigène changea elle aussi. Lors des premiers contacts, sa dignité était aussi évidente que son pouvoir. Toutefois, quand les colons furent bien installés, l'indigène devint dépendant et l'idéologie raciste fut appelée à légitimer ce qu'avait imposé la force. La spoliation des terres et des droits des autochtones fut justifiée par leur prétendue infériorité. Ayant dépossédé ces nations, les colonisateurs conçurent le projet de les civiliser. L'assimilation devait mettre fin à leur infériorité. Pour cela, des enfants indigènes furent arrachés à leurs familles, envoyés dans des pensionnats, revêtus d'uniformes, catéchisés, et on tenta de leur inculquer l'obéissance aux lois du Canada. Ce processus d'assimilation forcée n'était pas que pur racisme. Il découlait d'une notion particulière de la démocratie. Les autochtones ne pouvaient devenir citoyens du Canada qu'en renonçant à ce qu'ils avaient été.

Comme on peut aujourd'hui le constater, cette politique a eu des résultats catastrophiques, non seulement au Canada, mais en Australie, en Nouvelle-Zélande, aux États-Unis, au Brésil, et partout où les autochtones se sont vu retirer le droit de se gouverner. On admet généralement que ces catastrophes sociales sont dues au mépris raciste et à l'arrogance de l'impérialisme, mais il faut aussi y voir une démonstration tragique de l'importance des droits. Pour tout peuple, indigène ou pas, le droit de se constituer en nation et d'être respecté est une condition vitale de la dignité personnelle. Quand on enlève à un peuple le droit à son identité nationale, les individus appartenant à ce peuple sombrent dans la déchéance. La leçon est claire pour les autochtones et pour les non-autochtones : il n'est pas possible d'exercer ses responsabilités et d'agir avec force dans le monde si on ne se respecte pas soi-même. Et ce respect n'est possible que si le système politique reconnaît pleinement l'identité nationale de l'individu.

On a aussi appris que les politiques assimilatrices, quelles qu'elles soient, échouent toujours. Soit qu'elles attisent le nationalisme et suscitent la résistance, soit qu'elles détruisent le moral des personnes visées. La leçon est claire : on ne crée pas des citoyens de force, sans leur consentement. L'Empire russe a tenté de russifier les Polonais au XIXe siècle; il a échoué. La Pologne est redevenue indépendante. Des Bretons, la IIIe République a tenté de faire des Français[2]; la France a échoué. La langue bretonne survit. Tous les peuples refusent de céder ce qu'ils ont de plus précieux, la terre, la religion ou la langue, même si on offre en échange à leurs citoyens l'égalité individuelle.

L'extraordinaire ténacité historique avec laquelle les peuples autochtones ont défendu le souvenir de leur existence comme nations et leurs droits issus de traités leur permet aujourd'hui de tirer des leçons claires de l'échec des efforts d'assimilation : ils doivent retrouver leur droit à l'autodétermination et prendre la pleine responsabilité de leur destin, collectif autant qu'individuel[3]*.

Cette leçon fondamentale n'est toujours pas acceptée, toutefois, par la majorité des Canadiens. On pourrait crier au racisme pur et simple, mais ce serait passer à côté du problème. Devant l'absence de succès, les politiques assimilationnistes auraient cessé si les colons n'avaient pas cru eux aussi que les membres d'une communauté politique doivent partager les mêmes valeurs, la même culture et les mêmes idées, et que l'égalité politique n'est possible qu'entre semblables. Il est difficile de se débarrasser de cette idée, car il s'agit d'un idéal et pas seulement d'un préjugé.

Les autochtones ne sont pas les seuls à s'être heurtés à l'idée qu'une communauté politique suppose l'égalité, et l'éga-

---

* N.d.T. Pour l'analyse et la discussion en français de toutes ces questions voir Pierre Trudel, « La négation de l'autre dans les discours nationalistes des Québécois et des autochtones », dans Michel Sarra-Bournet et Jocelyn Saint-Pierre (dir.), *Les Nationalismes au Québec du XIXe au XXIe siècle*, Presses de l'Université Laval, coll. « Prisme », Québec, 2001; Renée Dupuis, *Quel Canada pour les autochtones?*, Boréal, Montréal, 2001.

lité l'identité. Au XIXe siècle et au début du XXe, les Canadiens français ont aussi été soumis (c'est le seul mot qui convienne) à cette forme punitive d'égalité qu'est l'assimilation. Bien sûr, le traitement infligé aux autochtones était différent et pire. Les Québécois ne se sont jamais vu nier l'égalité civique, mais ils ont vécu l'humiliation d'être, dans leur propre province, dominés économiquement et socialement par une minorité linguistique. L'idée préconçue selon laquelle les citoyens doivent être semblables pour être traités également a empêché l'édification d'un pays où les Canadiens français se sentiraient aujourd'hui vraiment chez eux. Les unes après les autres, les provinces à majorité anglaise ont limité ou aboli le droit des Canadiens français d'instruire leurs enfants dans leur langue maternelle. Et, chaque fois, les Québécois ont conclu qu'une union civique basée sur la seule égalité des droits individuels était une supercherie, puisqu'elle ne leur permet pas de protéger ce qui est essentiel à leur survivance comme peuple.

Il serait trop facile de croire que ces fautes sont choses d'un triste passé. Malheureusement, la majorité a refusé, même depuis 1968, de renoncer à l'idée de lier l'égalité et les droits individuels à l'assimilation linguistique et culturelle. Cette majorité croit toujours que ce lien est essentiel à l'unité du pays et à sa survie. Pierre Trudeau, plus que quiconque, a incarné et explicité cette politique. L'ex-premier ministre croyait que l'égalité de tous les Canadiens devant la loi suffirait pour sortir le Québec et le Canada, d'une part, et les peuples autochtones et la majorité, d'autre part, de l'impasse constitutionnelle[4].

C'est ce qui l'a amené à réaliser, de 1968 à 1984, la révolution des droits. Sa démarche est marquée par l'esprit de symétrie. Aux Canadiens français qui demandaient que leur langue et leur culture bénéficient d'une protection particulière, Trudeau répliqua que ce n'étaient pas les droits des collectivités qu'il fallait protéger, mais ceux des individus, et que ces droits ne devaient pas être limités à une région en particulier, comme le Québec, mais s'appliquer dans tout le pays. Les lois qu'il fit adopter en 1969 garantissaient donc à tous les Canadiens le droit à des services en français comme en anglais dans les institutions fédérales *a mari usque ad mare*...

Quant aux indigènes, Trudeau pensait que le problème de fond était leur statut d'infériorité découlant de la Loi sur les Indiens. Sous l'empire de cette loi, les autochtones étaient des pupilles de l'État fédéral : ils n'étaient pas les égaux des autres Canadiens. Leur subordination sociale et leur misère économique prendraient donc fin s'ils obtenaient la pleine citoyenneté en tant qu'individus[5]. Dans un cas comme dans l'autre, c'est encore une fois l'unité nationale basée sur l'égalité que proposait le gouvernement. Pour les autochtones, on mettrait fin au statut distinct imposé par une législation paternaliste, et la conservation des coutumes et des traditions était une affaire personnelle. Le gouvernement n'avait d'autre responsabilité que de faciliter leur insertion comme individus dans le corps politique national. En d'autres mots, la politique d'assimilation se poursuivait.

Pour ce qui est des Québécois, le but de la Loi sur les langues officielles était d'éliminer les barrières entre les Canadiens de langue anglaise et ceux de langue française, et de les intégrer tous dans une collectivité nationale bilingue. Les individus auraient l'entière liberté de conserver leur héritage culturel, mais ils seraient tous citoyens d'une même nation.

Dans les deux cas, la démarche de Trudeau considérait les groupes comme de simples agglomérats d'individus qui ont le choix d'appartenir à un groupe culturel ou d'en sortir si leurs objectifs entrent en conflit avec les objectifs collectifs.

Quand Trudeau parlait de « société juste », il imaginait un espace national unique où tous les Canadiens se reconnaîtraient les mêmes droits. Il s'agit de l'une des conceptions les plus anciennes du corps politique. Elle remonte aux cités-États de la Renaissance italienne, et reste un héritage de la Révolution française de 1789. Dans ce modèle, l'unité nationale naît de l'égalité des droits et de l'assimilation civique. C'est un idéal où les différences entre les groupes et entre leurs exigences respectives sont considérées comme des sources de division, et où l'on cherche à affaiblir l'emprise de ces groupes sur l'individu pour mieux l'intégrer dans l'espace newtonien de l'État national. Trudeau entreprit donc de rapatrier du Parlement de Londres la loi qui tenait lieu de constitution au Canada, et d'y intégrer une Charte canadienne des droits et libertés. Cette charte, qui allait être son héritage, ne reconnaît pas de droits spécifiques aux collectivités québécoise ou autochtones. Elle n'a d'autre but que de protéger les individus de la tyrannie de l'État ou de celle de la majorité.

Cette démarche a plu et plaît encore à la majorité anglophone. Pas de privilèges pour qui que ce soit, l'égalité de tous. Pas de sociétés ou de peuples distincts, un peuple, une nation. Toutes les provinces sont égales. Tous les individus sont traités également. Une telle vision devait unir la nation ; en fait, elle a failli la déchirer. Il est important de bien comprendre pourquoi, non pas seulement pour les Canadiens, mais pour tous les pays multinationaux ou multiethniques qui cherchent à concilier ces différences dans leur constitution.

Le problème principal, ce n'est pas de réaliser le rêve de l'égalité civique. Car il est impossible d'imaginer une collectivité nationale où tous les individus ne jouiraient pas des mêmes droits, indépendamment des différences de race, de religion, d'origine ethnique ou d'orientation sexuelle. Les Québécois et les peuples autochtones ne pourront pas se sentir canadiens s'ils ne sont pas traités avec respect et avec justice.

Le problème, c'est que l'égalité individuelle ne suffit pas. Elle ne permet pas de reconnaître le droit des nations et des peuples fondateurs à maintenir leur identité distincte.

La majorité des Canadiens n'a pas encore compris la gravité de cette lacune. Pour la plupart d'entre eux, les autochtones et les francophones sont des minorités. Or la Charte canadienne des droits et libertés protège les droits des minorités. Cela ne suffit-il pas aux Québécois et aux autochtones ?

La réponse est simple : ces groupes ne se perçoivent pas comme des minorités. Or, la Constitution ne les reconnaît pas comme des nations, mais seulement comme des groupes d'individus partageant certaines caractéristiques. La plupart des Canadiens qui font partie de la collectivité majoritaire acceptent volontiers le fait que les peuples autochtones sont différents et que les Québécois parlent une autre langue qu'eux. Ces différences font partie, pensent-ils, de l'héritage multiethnique et multiculturel du pays. Mais le problème dépasse la simple reconnaissance des différences culturelles : ces groupes réclament l'acceptation de leur existence politique. Ils exigent le droit collectif de contrôler leur territoire, de protéger leur langue et de s'autodéterminer, droit sans lequel ils ne peuvent jouir pleinement de leurs droits individuels.

Les autochtones et les Québécois refusent que l'on confonde ces exigences avec le souhait de beaucoup d'immigrants de conserver leur langue et leur culture. L'immigrant, expliquent-ils, arrive seul ou avec sa famille, et accepte, comme prix d'entrée, d'apprendre la langue de la majorité et d'obéir à ses lois. Dans la plupart des États démocratiques, les immigrants peuvent parler leur langue à la maison, l'enseigner à leurs enfants comme langue seconde, célébrer leurs fêtes, créer des associations et pratiquer leur religion. Mais ce ne sont pas là les droits d'une collectivité ; ce sont des droits individuels, fondés sur la liberté de religion et d'association, et grâce auxquels ils peuvent tenter de préserver un héritage culturel essentiellement privé. Les droits qu'affirment les Québécois et les autochtones sont des droits politiques plutôt que strictement culturels, et collectifs plutôt qu'individuels. Ce sont des droits d'affirmation nationale fondés sur des précédents historiques, sur le fait qu'ils existaient en tant que nations avant la création de l'État présent et que la légitimité de cet État dépend — ou aurait dû dépendre — de leur consentement collectif. Et, si ce consentement n'a pas été obtenu, comme c'est le cas pour les autochtones, il faut l'obtenir maintenant.

La reconnaissance politique du droit à l'autodétermination dans des domaines essentiels à la survie collective pose d'énormes problèmes à la majorité. La Charte canadienne des droits et libertés ne suffit pas ? Vous ne faites pas confiance aux tribunaux ? Vous ne nous faites donc pas confiance ? La réclamation de droits particuliers semble remettre en question la valeur même de la Charte, puisque ni les Québécois ni les autochtones n'en acceptent nécessairement l'autorité sur les questions directement reliées à leur survie comme peuples. Quel droit avez-vous de nous imposer *vos* droits ? demandent-ils.

La plupart des citoyens canadiens sont profondément attachés au modèle « billard » de l'espace politique : un tapis vert sans couture, les mêmes droits pour tous. Les nations minoritaires voient l'espace politique comme un *patchwork,* une mosaïque : des espaces d'autodétermination distincts, où chaque nation est le maître de son destin. Ce à quoi la majorité répond : « Que reste-t-il comme espace commun si chaque nation a le sien ? »

La majorité pense aussi que l'on crée des privilèges quand on reconnaît à certains citoyens des droits spéciaux pour protéger leur langue ou leur territoire. Et les privilèges des uns deviennent les griefs des autres. Si par exemple les autochtones obtenaient l'usage exclusif de certains territoires, les autres Canadiens pourraient s'en voir interdire l'accès. Ils ne pourraient en partager les richesses naturelles. Les pêcheurs acceptent mal que certaines zones soient réservées aux autochtones en vertu de traités centenaires[6]. Dans ce dernier cas, deux groupes vulnérables se disputent la propriété de ressources de plus en plus rares et dont ils dépendent tous deux pour leur survie, mais l'un des deux semble bénéficier d'un privilège. Des nations autochtones qui ont obtenu pleine autorité sur certains territoires ont commencé à percevoir des taxes foncières auprès des propriétaires blancs. Ces derniers, qui n'ont pas le droit de voter aux élections des conseils de bande, estiment qu'on bafoue le principe démocratique fondamental qui veut que nul ne soit taxé sans être représenté[7]. Ceux qui paient des impôts fédéraux et provinciaux ainsi que des impôts fonciers estiment injuste aussi que leurs voisins autochtones ne paient que ces derniers. Plusieurs contestations judiciaires sont en cours.

Le Québec limite l'usage de l'anglais dans l'affichage public et restreint pour les immigrants le droit de choisir la langue d'enseignement. Pour nombre de Québécois anglophones, la majorité porte ainsi atteinte aux droits de la minorité. Depuis l'adoption en 1978 de la loi 101, ou Charte de la langue française, un conflit permanent oppose deux orientations politiques irréconciliables, l'une qui accorde la primauté aux droits individuels, l'autre qui reconnaît aussi les droits de la collectivité[8].

Les lois du Québec sur la langue semblent violer l'idéal de neutralité de l'État. Nombre de Canadiens anglais n'acceptent pas qu'un gouvernement puisse favoriser l'identité d'un groupe de citoyens en particulier. De toute évidence, Pierre Trudeau concevait l'État fédéral comme un arbitre impartial et voulait que les lois sur les langues officielles et le bilinguisme ne favorisent ni l'une ni l'autre nation.

En fait, malgré cette neutralité théorique, l'État canadien a toujours favorisé la culture de la majorité canadienne-anglaise. Le besoin même d'une législation en ce domaine montre bien que l'État favorisait l'anglais depuis longtemps.

Aucun État libéral n'est aussi impartial qu'il le prétend. Dans les démocraties libérales, censément laïques et neutres, le choix du dimanche comme jour de repos et la désignation de Noël et de Pâques comme fêtes chômées privilégient les religions chrétiennes. Les congés et autres symboles reflètent généralement les valeurs et la culture de la majorité dominante[9].

Devant ces critiques, un État libéral peut faire deux choses. Soit réaffirmer sa neutralité en cessant d'observer les rites et les fêtes de la majorité, soit l'étendre en aidant tous les groupes également, c'est-à-dire en devenant un État multiculturel. La plupart des sociétés libérales modernes ont choisi cette dernière avenue. L'État y subventionne les activités culturelles d'une multitude de groupes et multiplie les fêtes qui ont un statut officiel. Le multiculturalisme ne vise pas à contourner l'obligation de neutralité, mais à la réaffirmer et à protéger les droits des groupes minoritaires contre la tyrannie de la majorité. Cette politique multiculturelle ne constitue pas pour autant une reconnaissance de droits collectifs. Elle cherche simplement à protéger et à renforcer la capacité du plus grand nombre possible de personnes d'afficher publiquement leur culture particulière[10].

Le gouvernement du Québec, d'autre part, ne prétend pas être impartial. Il justifie sa défense du français en affirmant qu'elle ne constitue pas un abus tyrannique de la part d'une majorité, puisque cette majorité est elle-même une minorité dans l'ensemble canadien et, bien plus, une minorité menacée au sein de l'Amérique du Nord, et que les limites que s'imposent normalement les majorités ne peuvent donc s'appliquer. Cette majorité est par conséquent en droit d'utiliser la puissance de l'État pour se protéger, dans la mesure où elle n'attente pas systématiquement aux droits des anglophones[11].

Pour juger de la légitimité de la position du Québec, il existe deux critères en matière de droits collectifs. D'abord, sont-ils absolument essentiels à la survie du groupe concerné ? Deuxièmement, ces privilèges sont-ils institutionnalisés de façon à ne pas violer les droits des individus, tant à l'intérieur qu'à l'extérieur du groupe ? Les Canadiens anglais ne l'admettront pas facilement, mais la législation linguistique du Québec satisfait à ces deux critères. D'abord, les langues minoritaires sont souvent pareilles à des espèces menacées, en danger d'extinction, et il est difficile de nier qu'une langue parlée par seulement sept des trois cents millions de Nord-Américains, la plupart de langue anglaise, ait besoin de protection. Cette protection est importante pour les Québécois de langue française, mais elle est importante également pour les anglophones puisque le Canada tire profit de la diversité linguistique qu'il dit chérir. Deuxièmement, la majorité francophone respecte bel et bien les droits de la minorité : les anglophones nés au Canada peuvent faire étudier leurs enfants dans leur langue maternelle aux frais de l'État et disposent de services dans leur langue. Il est vrai que les immigrants parlant d'autres langues ont l'obligation d'apprendre celle de la majorité, mais c'est la pratique courante dans le monde entier ; d'autre part, l'usage de leur langue maternelle en public n'est en rien prohibé, ils peuvent même envoyer leurs enfants dans des institutions d'enseignement de langue anglaise après l'école secondaire.

Les droits collectifs doivent respecter non seulement les droits individuels des autres collectivités (et c'est le cas au Québec), mais aussi les droits individuels des membres du groupe majoritaire. Cet équilibre nécessite un sens du compromis. Les Québécois de langue française n'ont pas le droit d'envoyer leurs enfants dans les institutions d'enseignement public de langue anglaise, mais il leur est possible de les faire étudier, à leur frais, dans des écoles privées. Sans cette restriction imposée aux francophones et aux immigrants, la survie de la majorité serait compromise. Ces restrictions doivent être ratifiées démocratiquement, et elles l'ont été. Les francophones et même les anglophones acceptent, plus ou moins de bonne grâce, ces restrictions à l'usage de l'anglais dans l'enseignement. L'équilibre entre les droits individuels et les droits collectifs a assuré la paix politique et sociale, et la minorité a accepté le compromis parce qu'elle tient aussi à cette paix.

Ailleurs, le compromis est plus difficile. Tous les groupes n'admettent pas l'obligation de respecter les droits individuels de leurs membres. Certains, comme les Juifs ultra-orthodoxes, les musulmans intégristes ou les évangélistes, interdisent ou restreignent la participation des femmes aux cérémonies religieuses ou aux décisions. Ces groupes croient que la raison même de leur existence est d'obéir aux lois divines et que, Dieu ayant lui-même permis la subordination des femmes dans certaines occasions, on ne peut exiger le contraire des fidèles. Cela les forcerait à sacrifier leur identité à des principes libéraux purement laïques[12].

Si difficile que ce soit pour un démocrate laïque comme moi, il faut admettre que ces communautés religieuses ont un argument valable. Alors, que faire ? Étant donné que l'État les protège, en leur fournissant des services sociaux ou des services policiers, on est en droit d'attendre de ces groupes qu'ils respectent les lois fondamentales de la société. Mais on ne peut interdire certaines pratiques religieuses, sauf bien entendu lorsqu'elles portent atteinte à l'intégrité physique des personnes. Si une religion interdit certains rites aux femmes, ce n'est pas l'affaire de l'État d'intervenir[13]. Par contre, si un citoyen réclame l'aide de l'État pour échapper à une Église ou à une secte et pour exercer ses droits de citoyen, comme celui de se faire instruire ou celui d'épouser une personne de son choix, l'État a non seulement le droit mais le devoir de lui venir en aide. De même, des personnes que des mesures discriminatoires empêchent de devenir membres d'une association doivent disposer de recours. Autrement dit, l'État doit agir pour protéger les droits d'entrée et de sortie, mais ne peut le faire pour changer la nature du groupe. Ce non-interventionnisme s'enracine dans le principe selon lequel les pouvoirs publics doivent rester neutres devant des styles de vie légaux.

Les droits collectifs revendiqués par les groupes religieux sont destinés à préserver leur identité culturelle et leur autonomie, alors que ceux que réclament des groupes nationaux, comme les Québécois et les peuples aborigènes, sont des droits à l'autodétermination politique. Ces droits semblent être des privilèges — c'est-à-dire que les autres Canadiens n'en bénéficieraient pas. Comment faut-il considérer ces droits-privilèges ?

Le privilège est acceptable, dans un régime de droits, quand il est temporaire, et qu'il est destiné à corriger des injustices passées. Les programmes dits d'action affirmative, ou de discrimination positive, destinés aux femmes ou à des minorités désavantagées, constituent des privilèges en ce sens que les citoyens n'y ont pas tous accès. Mais ces exceptions sont justifiées, parce qu'elles n'ont pas pour objectif de créer des inégalités, mais bien de les corriger. Par analogie, la majorité des Canadiens acceptent de consentir des droits spéciaux ou particuliers aux autochtones et aux Québécois comme mesure temporaire pour corriger des situations injustes et compenser des séquelles du passé. Les lois linguistiques du Québec peuvent être justifiées par la nécessité d'éliminer l'infériorité traditionnelle des francophones et de sécuriser leur avenir. Mais, l'injustice une fois corrigée, les privilèges doivent-ils demeurer ? La réponse dépendra de la situation du français. Si sa survie apparaît assurée hors de tout doute, il faudra revoir l'équilibre entre les droits collectifs et les droits individuels. Déjà, la loi 101 a été amendée à plusieurs reprises pour tenir compte des contestations. Mais les restrictions à l'usage de l'anglais continuent à provoquer les récriminations de certains Québécois anglophones.

Les programmes compensatoires pour les autochtones sont mieux acceptés par les Canadiens. Les injustices du passé sont désormais connues. L'obligation de les corriger est claire. La majorité reconnaît ses torts et admet que cette minorité a droit à des compensations.

Mais, ici encore, il faut trouver un juste équilibre entre les revendications des victimes et la capacité de payer des responsables. Dans les sociétés capitalistes, les torts passés se corrigent de deux façons : les excuses et l'argent[14]. Aucune de ces compensations ne rachète l'injustice, on le sait. Quand le racisme ou les agressions sexuelles commises au pensionnat ont marqué une personne pour la vie, quelles excuses et quelle somme d'argent peuvent réparer le mal ? Il tombe sous le sens que si l'argent et les excuses ne sont pas suffisants, il faut se montrer aussi généreux que possible. Toutes les confessions religieuses du pays ont participé à la gestion des écoles chargées d'appliquer les politiques fédérales d'assimilation. La brutalité et la violence sexuelle étaient monnaie courante dans beaucoup de ces écoles. Et, dans les autres, la politique d'assimilation elle-même était une agression contre l'identité des autochtones, avec les conséquences traumatisantes que l'on sait.

Les Églises reconnaissent désormais que ces pratiques violaient gravement les droits des peuples autochtones. Elles ont présenté des excuses. Mais la question reste entière : quel niveau de compensation financière fermera le dossier ? Quelques victimes ont intenté des poursuites contre les Églises ; avec le talent que l'on connaît aux avocats, on peut s'attendre qu'une victoire des plaignants conduise la plupart d'entre elles à la faillite[15]. Mais une question se pose alors : le droit des autochtones à une juste compensation doit-il prévaloir si on risque de détruire des organisations qui servent les droits spirituels des Canadiens, y compris ceux d'origine autochtone ? Dans le passé, certaines organisations ont été interdites — les partis fascistes, par exemple — parce qu'ils prônaient la haine, le mépris et la violence. Mais les Églises ne tombent pas dans cette catégorie, elles n'ont jamais prêché le racisme et la haine. Si blâmables qu'aient été leurs pratiques, elles ne les empêchaient pas de considérer, dans leur zèle missionnaire, les autochtones comme des humains à part entière. Il est difficile de conclure que ces institutions méritent de disparaître.

Il faudra donc trouver le juste milieu entre les droits ancestraux* autochtones et ceux des Églises et des communautés religieuses. Le recours aux tribunaux est la pire manière de déterminer la solution, car il faudrait des centaines, des milliers de poursuites individuelles, et les tribunaux ne sont pas en mesure d'évaluer les revendications des deux parties. La

---

* N.d.T. Pierre Trudel : « Les droits ancestraux se distinguent du droit des minorités par le fait qu'ils dépassent la protection relative à la langue et à la culture », *Le Devoir*, 23 juin 2001. Constitution de 1982, article 35.

meilleure solution serait une négociation tripartite entre le gouvernement fédéral, les représentants des autochtones et ceux des Églises. Comme il s'agit de droits collectifs qui s'opposent, la solution est politique. Le mal fait aux autochtones est une responsabilité collective puisqu'il a été perpétré à l'initiative du gouvernement fédéral. Si nous voulons un pays qui se respecte, la seule façon d'effacer cette tache est de faire payer tout le monde et pas seulement les Églises et les communautés religieuses.

Mais les autochtones et les Québécois ne réclament pas seulement des privilèges temporaires. Ils veulent aussi l'autodétermination, refusée aux autres provinces et aux autres groupes. La majorité est bien d'accord pour réparer ses torts, mais pas pour accorder l'autodétermination.

La lutte de ces deux collectivités à propos de l'autodétermination divise la société canadienne depuis deux générations. Entre 1982 et 1991, le conflit a atteint un point de crise[16]. La Charte canadienne des droits et libertés adoptée en 1982 l'a été pour assurer l'unité du pays. Le Canada anglais s'est rallié derrière ce document sèchement juridique avec une ferveur qui a surpris ses auteurs. Pas les Québécois. Ils pensent que les garanties que leur donne la Charte sont soit inutiles, le Québec disposant de sa propre Charte, soit illégitimes, puisque le Québec ne reconnaît pas cette Constitution et que ses gouvernements successifs ont refusé de signer l'entente. Les Québécois d'obédience nationaliste sont convaincus que la Charte était destinée à contrer leurs droits collectifs. Dans le but d'obtenir la signature du Québec, le gouvernement d'Ottawa et ceux des autres provinces se sont entendus au cours d'une conférence tenue au lac Meech pour reconnaître la spécificité de la société québécoise et garantir sa juridiction sur les questions linguistiques et sur d'autres domaines essentiels à sa survie comme société de langue française. Mais les électeurs canadiens-anglais et les représentants provinciaux ont rejeté cette entente, parce qu'elle leur semblait accorder au Québec des privilèges refusés aux autres provinces et qu'elle ne tenait pas compte des demandes des autochtones. Une autre entente, conclue en 1992, à Charlottetown, destinée à protéger les droits collectifs tant des autochtones que des Québécois, a elle aussi été rejetée par référendum. La majorité des Canadiens anglais pensent que l'inclusion de droits collectifs dans la Constitution conduirait à la balkanisation du pays, alors que la majorité des Québécois estiment que les clauses de l'entente de Charlottetown sont insuffisantes pour protéger leurs intérêts fondamentaux.

Le conflit entre droits individuels et droits collectifs s'est avéré insoluble, tout comme la question de savoir si le Canada constitue un espace politique unique ou une multiplicité d'espaces nationaux. Pour sortir de l'impasse, le gouvernement du Québec a proposé en 1995, par référendum, de dissoudre la fédération tout simplement. Cette proposition a été rejetée par moins de soixante mille voix[17]. Depuis cette expérience traumatisante, on n'a pu que décider de reporter aux calendes grecques la renégociation du fédéralisme ou toute démarche de sécession, et de réfléchir encore. La ferveur des uns pour une entente et celle des autres pour un divorce a fait place à une indifférence affichée.

Toute l'Histoire semble démontrer la futilité du discours des droits. Dès qu'un groupe revendique des droits collectifs, des conflits surgissent et dégénèrent en pharisaïsme et en autosatisfaction. Une nation reposant uniquement sur la possession de droits ne serait pas viable. Heureusement, les nations sont plus qu'un tissu de droits. Elles sont aussi des structures de division du travail très complexes; comme l'a expliqué Adam Smith, chacun travaille en pensant non pas au bien du pays, mais seulement à son propre intérêt. Il est rassurant que le Canada ne représente pas seulement une communauté de droits, mais une structure de division du travail, une machine économique efficace dont la solidité tient à des millions de liens financiers, sociaux et technologiques. Nous ne pensons pas tous la même chose, mais nous savons travailler ensemble. Notre difficile cheminement constitutionnel nous a appris qu'un pays peut survivre et durer même dans des circonstances périlleuses. Cela devrait nous convaincre que ce qui nous unit est plus fort que les constitutions et les accords négociés par les politiciens. Nous sommes unis par notre travail quotidien. Par la mémoire, par notre attachement au sol, à nos villes et villages, à nos voisins et à nos concitoyens. Ces liens sont profonds, et il n'y a pas de raison de désespérer. Nous acceptons nos désaccords.

Par contre, il nous faut résoudre nos différences en matière de droits. Réconcilier le pays « billard » et le pays « mosaïque », le Canada conçu comme une communauté d'individus semblables et égaux en droits, et le Canada perçu comme une collection d'existences nationales.

Ces visions en apparence contradictoires peuvent être conciliées. Dans la mesure où elles respectent les droits des minorités et le droit de dissidence des individus, les protections collectives ne posent pas de problème. Les lois linguistiques du Québec sont un modèle d'effort de la part de deux groupes linguistiques de trouver un *modus vivendi*. Reste la question beaucoup plus vaste de l'avenir du Québec dans la fédération canadienne, et j'en traiterai plus loin ; pour le moment, je me contenterai de montrer que la divergence d'opinions entre le Québec et le reste du pays sur l'opposition entre droits collectifs et droits individuels a trouvé une solution fonctionnelle, du moins en ce qui concerne la langue.

De même, l'histoire douloureuse des revendications autochtones pour leurs droits collectifs est entrée dans une phase nouvelle, caractérisée par l'acceptation mutuelle et la négociation. Les autochtones ont toujours affirmé que leurs droits territoriaux issus de traités étaient fondés sur l'idéal de partage de l'usufruit plutôt que sur le modèle européen de propriété exclusive. Si on parle de partage, une solution est possible ; la difficulté est d'établir un climat de confiance entre des peuples qui ont une longue histoire d'affrontements, et de créer le moyen de résoudre les différences d'opinion en matière de partage.

Comme l'a dit une récente Commission royale sur les peuples autochtones, et comme l'admettent leurs leaders, la meilleure façon d'aborder ces deux défis est d'entamer le processus de négociation de traités[18]. Ce processus devra reconnaître les obligations des parties en vertu des traités déjà existants ; il devra aussi considérer les deux parties comme des nations égales en droit. La négociation n'a pas pour seul objectif l'établissement des titres de propriété sur le territoire et sur ses richesses naturelles, ni le transfert des pouvoirs à des autorités autochtones légitimes. Elle doit aussi explorer les moyens de partager la souveraineté du territoire national, ce qui soulève des questions de principe extrêmement épineuses pour les deux parties. Pour le gouvernement du Canada, l'amorce de négociations sur le partage de la souveraineté nationale consiste à admettre que, au-delà des juridictions fédérale et provinciales, cette souveraineté est constituée d'une mosaïque de juridictions concurrentielles. Pour les autochtones, la négociation sur le partage de la souveraineté suppose que l'on accepte la légitimité du gouvernement qui a présidé à la spoliation de leurs terres et de leurs droits. Cette concession mutuelle a été ardue dans le passé et n'est pas encore complète. Il faudra peut-être plusieurs générations pour que règne un véritable esprit de partage. La négociation de traités est par conséquent un processus de reconnaissance mutuelle préalable à la solution des problèmes.

Le partage de la souveraineté dépasse la simple division des pouvoirs : les affaires étrangères et la défense, la monnaie, les banques et la citoyenneté reviendraient au gouvernement fédéral, alors que les peuples autochtones détiendraient l'autorité sur l'administration locale du territoire, les richesses naturelles, les infrastructures, l'éducation et les services sociaux. La question clé est celle de la citoyenneté[19]. La majorité non autochtone croit que les droits individuels garantis par la Constitution doivent prévaloir ; or, plusieurs nations autochtones ne reconnaissent pas l'autorité de la Constitution et de la Charte sur des matières comme le droit des femmes de prendre part aux décisions, celui des Blancs de résider sur des territoires autochtones. Certaines bandes refusent même d'accepter sur leurs terres des autochtones d'autres tribus. Or, la Charte des droits interdit de considérer l'origine ethnique ou raciale comme critère d'appartenance à une association ou à un groupe.

La façon de contourner ces difficultés est d'éviter de préciser laquelle des deux souverainetés doit s'appliquer et de chercher plutôt comment réconcilier la Charte et les traditions autochtones à la satisfaction des deux parties, et de créer des institutions pour gérer la situation. Toutes ces questions finissent par aboutir devant les tribunaux, d'abord devant les tribunaux autochtones, puis éventuellement à la Cour d'appel. Mais, à quelque tribunal que l'on s'adresse, la solution doit venir d'une négociation interculturelle entre partenaires égaux. Notre culture de droits et d'égalité impose le respect des différences. La protection de la Charte doit donc être assurée, mais compte tenu des traditions indigènes. La question n'est pas de savoir quelle souveraineté doit prévaloir, mais si la décision est acceptée par les deux parties. La légitimité importe davantage que la souveraineté. Si nous parvenions à renforcer la légitimité de toutes les décisions conjointes, le partage de la souveraineté ne balkaniserait pas le pays, au contraire, il renforcerait la perception qu'a la population de la légitimité du processus de prise de décision.

La plupart des Canadiens veulent que les mêmes lois, particulièrement les lois criminelles, soient appliquées uniformément sur l'ensemble du territoire. Mais, si les juges, d'obédience fédérale ou provinciale, tiennent compte de la tradition dans les zones se trouvant sous l'autorité des autochtones, on pourra rendre justice de façon acceptable par tous. Nous n'avons guère le choix : en effet, nous n'avons pas encore trouvé de juste compromis, et les autochtones ne reconnaîtront pas l'autorité de nos lois tant qu'ils n'accorderont pas de légitimité à notre système judiciaire. Ce processus de partage de la souveraineté est diaboliquement compliqué, lent et coûteux. Certains groupes autochtones veulent un véritable gouvernement, avec pleine autorité sur le territoire, ses habitants et l'administration. Cela pose des problèmes de compétence et d'expérience, et il s'est trouvé dans les réserves des administrations locales incompétentes, népotistes et même carrément corrompues[20]. Les autochtones exigent certainement de leurs administrateurs les mêmes standards que ceux que l'on attend des municipalités. D'autres nations, comme le Nunavut, cet immense territoire autonome de l'Arctique oriental, ont des objectifs plus ambitieux : un véritable gouvernement, avec pleine autorité sur tous les citoyens, y compris les non-autochtones. Dans ce cas, la difficulté consiste à protéger la minorité et à assurer sa participation aux affaires dans ce qui est en réalité un gouvernement ethnique. Enfin, d'autres autochtones, principalement dans les grandes villes, veulent obtenir le contrôle de leurs services locaux.

Chacun de ces types d'autodétermination étant différent, chacun empiéterait sur des juridictions existantes. Tout cela ne peut s'harmoniser que dans un esprit de partage. Les groupes qui désirent instituer ces gouvernements et ces administrations sont souvent très petits et divisés entre eux. Ainsi, une des provinces est actuellement en négociation avec cinquante et une tribus différentes, chacune se proclamant une nation, réclamant la souveraineté sur le territoire qu'elle occupe[21]. Certaines de ces négociations durent depuis plus de vingt-cinq ans. Le coût d'une telle situation est énorme pour tout le monde. Mais il n'y a pas d'autre voie. L'assimilation, forcée ou consentie, a été tentée et rejetée. Des querelles sur la propriété des terres ont donné lieu à des affrontements violents. À Oka, il a fallu faire intervenir l'armée. Il est clair que cette situation ne peut se perpétuer. Ou nous partagerons le pouvoir, le territoire, les richesses et la souveraineté, ou le pays s'enlisera dans une guerre civile larvée.

Le partage doit s'entendre dans les deux sens. La reconnaissance des peuples autochtones par la majorité doit s'accompagner d'une reconnaissance par les autochtones de la légitimité de nos droits sur le territoire. Nous ne survivrons pas comme nation si la masse des Canadiens doit vivre dans le ressentiment après des concessions arrachées sous la menace et consenties par culpabilité. Toute démarche doit conduire à une reconnaissance mutuelle explicite du droit de chacune des parties de se gouverner et de vivre en paix. Pour l'instant, le droit est du côté des minorités, la force est de celui de la majorité. La reconnaissance mutuelle doit rééquilibrer cette relation en redistribuant et la légitimité et la force. Alors seulement, deux collectivités pourront vivre en paix ensemble dans deux pays à la fois, une communauté d'égaux en droits et une communauté de nations autonomes.

CHAPITRE IV

Droits, vie privée et famille

En une quarantaine d'années, la révolution des droits a gagné les sphères les plus intimes de la vie privée. En atteignant la table familiale et la chambre à coucher, elle a transformé les rôles respectifs des sexes, la division du travail dans la famille et même l'identité sexuelle. La révolution des droits a aussi pris la forme d'une révolution sexuelle, qui a bouleversé toutes les relations sociales importantes : entre hommes et femmes, entre parents et enfants, et entre hétérosexuels et homosexuels. Toutes les démocraties libérales ont vécu cette transformation sociale. La seule chose qui distingue le Canada est la rapidité avec laquelle les tribunaux et les Parlements ont réagi, qu'il s'agisse des droits des enfants, du divorce, de l'avortement, de l'union libre, de l'orientation sexuelle. Le fait que ces droits nouveaux aient été accordés si vite ne signifie pas qu'il n'y ait pas eu de résistance. Ni que la lutte soit terminée. Les femmes sont encore moins bien rémunérées que les hommes pour un travail de valeur égale, et le fardeau de la garde des enfants leur incombe toujours de façon disproportionnée. Les homosexuels n'ont toujours pas le droit de se marier, d'adopter des enfants, ou d'hériter des pensions de leurs compagnons[1]. Mais, même si la révolution des droits n'a pas encore complètement investi la vie privée, il est difficile d'imaginer que cela ne se produira pas. Car la révolution des droits découle d'un idéal d'égalité, et il n'existe pas de tribunal d'appel contre cet idéal. La soif d'égalité dans la vie privée est aussi une soif de reconnaissance. J'ai beaucoup parlé de droits jusqu'ici mais très peu de reconnaissance. Le temps est venu de définir le terme. La reconnaissance est une idée profondément canadienne, et c'est un philosophe canadien, Charles Taylor, qui a imposé le mot dans la langue de la philosophie politique[2]. En langage courant, reconnaître quelqu'un, c'est le distinguer dans la foule et mettre un nom sur son visage. Être reconnu, c'est émerger de l'anonymat, être vu et accepté pour ce que l'on est. Celui qui est reconnu n'est plus un numéro mais devient quelqu'un pour autrui. Tous les groupes luttent pour obtenir cela. Ils exigent que la majorité les reconnaisse, les regarde d'un œil neuf, admette leur égalité non seulement en droit mais en considération morale. L'égalité de droit est une condition de la reconnaissance mais n'en tient pas lieu. Des personnes ou des groupes qui luttent pour être reconnus exigent l'égalité, mais aussi la reconnaissance de leur singularité. Au-delà de l'égalité juridique, les groupes veulent voir reconnaître la valeur de leur culture, de leur patrimoine et de leur façon de voir les choses. Un groupe commence par percevoir lui-même son identité, surmonte son sentiment d'infériorité ou de honte, et projette enfin l'image de lui-même qu'il veut voir adopter par les autres. Ce processus conduit à exiger que le monde extérieur change sa vision du groupe en question, renonce à ses préjugés et à ses stéréotypes, et non seulement l'accepte comme égal, mais accepte aussi pleinement sa différence et en reconnaisse la valeur.

Mais il y a une différence entre la tolérance, l'acceptation et l'approbation[3]. Quand une majorité reconnaît les droits d'une minorité, la tolère-t-elle, l'accepte-t-elle ou l'approuve-t-elle ? Il est clair que certaines associations d'homosexuels exigent l'approbation sociale et pas seulement la tolérance. L'approbation semble découler de la notion d'égalité. Mais l'égalité de droits implique-t-elle nécessairement l'approbation ? La majorité reconnaît l'égalité de droits des homosexuels, mais cela ressemble à une tolérance malaisée bien plus qu'à une approbation. À l'ère de la révolution des droits, la demande d'égalité est devenue une demande d'approbation. On pourrait même penser que la reconnaissance véritable de l'égalité exige rien de moins que l'approbation totale. Mais cela pose problème, celui de la « rectitude politique », ce pharisaïsme, cette approbation du bout des lèvres, aussi hypocrite que rituelle, que suscite l'égalité quand elle est imposée. Quand tous les minoritaires non seulement demandent l'égalité mais exigent en plus qu'on les approuve, la majorité fait semblant d'accorder son approbation morale à des pratiques qu'au mieux elle tolère. Ainsi, la « rectitude politique » n'est plus qu'une forme nouvelle de tyrannie morale, celle de la minorité. On ne peut plus dénoncer la légèreté de mœurs chez un homosexuel sans paraître dénigrer l'homosexualité en général. On ne peut plus dénoncer les programmes d'action affirmative en faveur des femmes sans passer pour un réactionnaire qui s'oppose aux femmes et à la reconnaissance de leurs droits. Et ainsi de suite.

Mais la question se pose : ces limitations à la liberté d'expression sont-elles vraiment une forme de tyrannie ? Qui ne se souvient des réflexions grossières, insultantes et dégradantes au sujet des femmes ou des homosexuels, réflexions qui étaient hier encore des lieux communs de la culture masculine. La création d'un climat où les minorités sont enfin protégées de cette pluie de propos malsains ne peut être considérée comme une restriction grave à la liberté d'expression de ceux qui entretiennent encore des préjugés. En fin de compte, l'idée que la révolution des droits mène à une nouvelle orthodoxie apparaît incongrue. Refuser une culture de la discrimination et de l'insulte ne revient pas à adopter une culture d'approbation de l'homosexualité et de discrimination positive envers les femmes. L'égalité des droits transforme la culture morale précisément parce que les minorités exigent la reconnaissance, obligeant ainsi les majorités à dépasser la simple tolérance et à approuver ce qu'elles refusaient même d'accepter. Aussi longtemps que cette évolution est le fruit d'une négociation, aussi longtemps qu'elle n'est pas présentée comme une capitulation, l'égalité des droits peut mener ultimement à la pleine reconnaissance. Mais si la majorité se sent forcée d'approuver plutôt que de tolérer, il y a risque de choc en retour. Quand on a compris que le changement de moralité est le résultat d'une longue négociation interculturelle entre majorité et minorité, il devient clair que, si les droits sont un préalable de la reconnaissance, ils ne peuvent en tenir lieu. Les homosexuels ont obtenu l'égalité des droits, mais ils attendent encore que leurs concitoyens les reconnaissent comme moralement égaux. Le processus prendra du temps, comme il se doit, mais il est difficile de penser qu'on n'en viendra pas finalement au respect mutuel.

J'examine ici le processus complexe par lequel une révolution de droits est devenue une révolution sexuelle, laquelle devient à son tour une révolution morale. Mais cela ne suffit pas à décrire la magnitude du bouleversement survenu dans le domaine privé depuis que je suis devenu un adulte dans les années 1960. La révolution des droits n'est que la crête d'une déferlante qui nous a apporté l'accès général des femmes à l'université et au marché du travail, la pilule contraceptive et la création d'une sécurité sociale qui a amorti les conséquences de la dislocation des familles.

Le sociologue américain Francis Fukuyama appelle cette convergence de changements moraux, technologiques, démographiques et juridiques « le Grand Bouleversement » *(The Great Disruption)*[4]. Ce bouleversement a affecté toutes les sociétés avancées, mais les sociétés occidentales plus que les autres, selon Fukuyama. Au Japon, par exemple, le mariage traditionnel n'a pas été balayé et le taux de divorce n'a pas augmenté. Ce fait nous aide à comprendre que le discours sur les droits n'a pas simplement accompagné les changements sociaux; en Occident, il en a déclenché le processus. Si le nombre de divorces y a augmenté, contrairement à ce qui se passe au Japon, c'est que, dans nos sociétés, l'acceptation générale de la valeur de l'autonomie individuelle a érodé la valeur du sacrifice, valeur féminine sur laquelle reposait l'institution de la famille.

Après quarante ans de changements, nous cherchons toujours à faire le bilan. La liberté sexuelle est plus grande, mais il y a plus de divorces. L'identité sexuelle est plus diverse, mais la confusion quant à notre nature sexuelle est plus grande. L'avortement a accru la liberté des femmes, mais le droit du fœtus suscite des débats acrimonieux[5]. Il y a davantage de types de familles — homosexuelles, monoparentales (mère ou père) —, et pourtant plus d'incertitude quant à ce que la stabilité de la famille et son intimité peuvent supporter.

L'histoire de cette double révolution sexuelle et juridique m'amène à me demander si le discours des droits renforce vraiment ou affaiblit notre capacité d'avoir une vie intime. Nous avons tous besoin d'intimité, surtout les enfants, mais l'intimité suppose cette stabilité. Est-ce que la révolution des droits menace cette stabilité? Parle-t-on trop de droits et pas assez de responsabilité?

Ces questions-là ne sont pas nouvelles. Elles sont les fleurs vivaces du doute permanent qui imprègne toute la modernité. Par modernité, j'entends les sociétés de marché et de droits individuels que sont l'Europe et l'Amérique du Nord depuis le début du XVIIIe siècle. Les critiques de la société ont toujours affirmé que le marché ébranle les institutions stabilisantes comme la famille. Comme le disait le grand économiste Joseph Schumpeter, le capitalisme repose sur des valeurs comme la confiance, sans laquelle nul ne signerait de contrat ou ne proposerait d'échange[6]. C'est la famille qui est à la source de ces valeurs. Or le processus de « destruction créatrice » de l'investissement capitaliste remplace constamment les technologies existantes, sur lesquelles reposent les modes de vie et de travail. Ces convulsions empêchent la famille d'assurer la « continuité des soins ». Quand le manque de temps et la précarité des revenus sapent le capital émotif de la famille, les enfants ont plus de difficulté à intégrer les valeurs sur lesquelles repose la société. Des enfants qui n'apprennent pas à aimer et à faire confiance deviendront des adultes égoïstes et agressifs. Si l'effondrement de la famille se généralise, tout l'ordre social deviendra égoïste et brutal. Ce raisonnement est bien connu. Le système capitaliste vit dans la crainte constante de voir s'éroder les valeurs mêmes sur lesquelles il repose.

L'instabilité inhérente au capitalisme a toujours été considérée comme nocive pour la famille. Mais des critiques soulignent aussi les effets déstabilisants de l'abondance. L'abondance transforme l'économie morale de la société en favorisant la consommation plutôt que l'épargne, l'affirmation de soi plutôt que le contrôle de soi, le présent plutôt que l'avenir. L'abondance a aussi d'autres répercussions morales. Les sociétés de pénurie sont obsédées par la distribution et, en conséquence, par l'égalité. Les sociétés d'abondance ne se soucient guère de la justice distributive, une fois que la pauvreté n'est plus une misère absolue. Paradoxalement, ce sont les sociétés riches, qui pourraient le plus facilement résoudre le problème de la pauvreté, qui semblent s'en soucier le moins. Ce paradoxe peut expliquer pourquoi la révolution des droits, qui a rendu évidentes les inégalités sexuelle ou raciale, n'a pas su en quarante ans soulever la même indignation devant les inégalités de classe ou de revenu. L'abondance a avivé notre sensibilité aux atteintes du moi, mais nous a rendus aveugles à la pauvreté. Nous supposons vaguement que les pauvres ont disparu. Ils sont seulement devenus invisibles.

La révolution des droits est très clairement le fruit de la plus grande période d'abondance qu'ait connue le monde moderne. Les vertus anciennes et les règles d'antan ont perdu leur légitimité. Les nouvelles vertus, comme le développement personnel, la permissivité et le culte de soi, sont devenues des impératifs moraux. C'est ce contexte qui explique que l'économie morale d'antan, fondée sur l'abnégation, ait perdu non seulement tout sens économique, mais toute dignité morale. Dans les sociétés d'abondance, l'idée classique selon laquelle le capitalisme sape les bases même de sa légitimité trouve une vie nouvelle dans la critique selon laquelle les droits individuels érodent les structures familiales sur lesquelles repose la stabilité sociale[7]. Tous ces gens qui protestent sans cesse en période d'abondance réclament en fait que soit liquidé l'ordre ancien fait de retenue et de répression qui prévalait en période de pénurie. La famille peut-elle survivre à cette pression révolutionnaire pour la liberté ? Se pourrait-il que les droits détruisent l'institution même qui nous enseignait la vertu et la moralité ?

L'étude de l'évolution de notre vie intime sous l'effet de la révolution des droits pourrait commencer par le divorce. Toutes les sociétés modernes ont libéralisé leurs lois sur le mariage au cours des années 1960, dans une vague de réformes qui incluait aussi la sécurité sociale et la décriminalisation des activités homosexuelles entre adultes consentants. La Loi sur le divorce de 1968, la première du genre dans l'histoire du pays, permettait la dissolution du mariage pour cause d'adultère ou de cruauté après trois ans de séparation de corps. En 1985, un amendement a réduit ce délai à un an[8]. Cet amendement permettait, en fait, le divorce sans égard à la responsabilité ; les effets furent immédiats. Dès 1990, un mariage sur trois se terminait par un divorce. Pour les enfants, le résultat a été dramatique. On estime que dans les nations développées, la moitié des enfants verront avant l'âge de dix-huit ans leurs parents divorcer[9]. Le plus inquiétant, c'est qu'il se peut que l'augmentation des divorces s'accompagne d'une augmentation du nombre d'enfants battus et maltraités. Ce serait certainement le cas s'il s'avérait que les enfants courent plus de risques d'être victimes de leurs beaux-parents que de leurs parents naturels.

Il n'est pas évident que le nombre d'enfants maltraités ait augmenté, mais si l'on découvrait une corrélation, la révolution des droits révélerait des effets désastreux. En même temps que les divorces se multipliaient, le nombre d'unions libres augmentait[10]. Le phénomène montre qu'un droit nouveau est apparu, celui de former ou de dissoudre un lien intime à volonté, sans l'intervention de l'Église, de l'État ou de la famille. L'union libre est une déclaration de souveraineté du couple : ce sont les individus qui définissent les règles d'une relation, et non l'État. Évidemment, quand cette relation se gâte, les couples de droit commun s'adressent aux tribunaux, c'est-à-dire à l'État, tout comme les couples mariés, pour faire déterminer les pensions alimentaires, les pensions pour enfants et le partage des biens. Au fur et à mesure qu'augmentait le nombre de ces couples, la pression augmentait pour qu'on leur accorde les mêmes droits qu'aux gens mariés. La révolution des droits a donc des résultats inattendus : des gens qui voulaient tenir l'État hors de leur relation découvrent qu'ils ont besoin de lui comme arbitre quand cette relation tourne mal.

Après quarante ans de révolution des droits, nous ne savons plus trop quel rôle les tribunaux et les Parlements doivent jouer dans la vie de la famille. La loi doit-elle établir des normes, ou seulement se substituer aux parents quand l'action de ces derniers menace la santé physique et mentale des enfants ? La question sème la pagaille dans bien des groupes. Les féministes qui clamaient naguère que l'État n'a rien à faire dans leurs chambres à coucher réclament maintenant son intervention pour protéger les femmes contre la violence. Des conservateurs qui dénonçaient l'État providence supplient maintenant les gouvernements de proclamer certaines normes morales. Quant aux libéraux, plusieurs se demandent *in petto* si leur révolution n'est pas allée trop loin.

Ainsi, la controverse sur l'opportunité d'interdire les punitions corporelles illustre parfaitement notre ambiguïté en matière de relations entre l'État et la famille. Certains croient que l'interdiction mettrait toute la force de la loi du côté d'un principe moral fondamental. D'autres pensent au contraire que ce serait une intrusion dans la liberté des familles que de punir les parents qui infligent des corrections à leurs enfants. Un juge ontarien a récemment décrété que l'interdiction des punitions corporelles prive les familles d'une autonomie essentielle[11]. Il semble pourtant clair que ce que l'on veut protéger chez l'enfant est la même chose que ce que l'on veut protéger chez les adultes : le droit de vivre libre de toute peur. Les enfants doivent respecter leurs parents et non les craindre, car la peur jette l'ombre de la méfiance sur l'amour. Les enfants ne peuvent croire en l'amour de ceux qui leur font peur. Aussi refusons-nous de frapper un enfant si nous disposons d'autres moyens de les empêcher de faire du mal à autrui ou à eux-mêmes. Mais si nous admettons que certaines corrections corporelles, même bénignes, sont nécessaires, il devient difficile de faire la distinction entre une punition légitime et une punition exagérée. Mais faut-il vraiment légiférer ? Nous disposons déjà de toutes les lois nécessaires pour protéger les enfants. L'État peut même s'en arroger la garde. La multiplication des lois ne pourrait qu'entraîner des poursuites injustes contre les parents, ce qui ne favoriserait en rien l'harmonie familiale.

On voit ainsi que la capacité de l'État de protéger l'enfance est limitée. Nous disposons déjà d'un appareil considérable : travailleurs sociaux, médecins de famille, inspecteurs et surveillants. Pourtant, notre société continue à porter la honte des cris silencieux des enfants ; souvent, ces cris poussés de l'autre côté d'une cloison, dans le jardin voisin, dans les allées d'un supermarché devraient être entendus. Cela montre que les lois et l'État providence ne suffisent pas. En vérité, l'adoption de nouvelles lois ne fait souvent qu'affaiblir notre sens des responsabilités. C'est fréquemment le problème des enfants en danger : la bureaucratie de la protection de l'enfance, toute nécessaire qu'elle soit, confisque souvent des responsabilités qui devraient être celles de tout le monde, voisins, amis, bons samaritains. Au bout du compte, la protection de l'enfance n'est pas l'affaire de l'État, c'est celle de tous. Quand on voit quelqu'un battre un enfant, il faut sonner l'alarme. La révolution des droits n'aurait pas de sens si elle n'éveillait pas le courage d'intervenir quand il le faut.

Inévitablement, la révolution des droits — et la révolution sexuelle concomitante — ont aussi eu des effets pervers. Depuis un quart de siècle, les conservateurs et les analystes sociaux soupèsent les réformes libérales des années 1960... et en condamnent les conséquences. On a même vu les conservateurs renverser sans s'en rendre compte leur position classique en matière de droits. Traditionnellement, ils étaient les défenseurs acharnés des droits individuels, qui définissent la limite de l'intervention de l'État. Il leur semblait impérieux de limiter les pouvoirs des gouvernements d'après-guerre. La gauche, par contre, était plus hostile au discours sur les droits individuels, parce que ses adversaires conservateurs invoquaient ces droits, en particulier le droit de propriété et le droit à la vie privée, pour s'opposer à certains des objectifs fondamentaux de la gauche, comme l'impôt progressif et l'État providence. La révolution survenue dans la vie familiale a renversé les positions. Désormais, les conservateurs trouvent que cette affaire de droits individuels va trop loin, alors que la gauche tente de tenir le cap.

Le discours de la gauche, protestent les conservateurs, individualise la société à l'excès. À ne parler que de leurs droits, les gens finissent par calculer le coût de toutes les relations interpersonnelles qui impliquent des sacrifices. Et la vie familiale est impossible sans le sacrifice : les parents doivent consacrer des années de leur vie à prendre soin des enfants alors qu'ils préféreraient peut-être cultiver leurs intérêts personnels. Pour se consacrer entièrement l'un à l'autre, des époux renoncent à certaines relations et à certaines activités qui les tentent peut-être.

L'argument n'est pas sans fondement, mais il ne pèse pas lourd. Les conservateurs ont tort de penser que le discours sur les droits nie la valeur du sacrifice. Même nous, de la gauche sans cœur, avons besoin d'intimité et nous savons qu'elle n'est pas possible sans sacrifices. Moraux ou matériels, les sacrifices en valent la peine quand ils sont mutuels, que les deux partenaires en portent le poids, et quand il en résulte un renouveau d'affection. Les critiques qu'inspire la vie familiale ne portent pas sur le sacrifice, mais sur l'inégalité du sacrifice. Cette inégalité n'est pas imaginaire. Elle est réelle et douloureuse. Les statistiques montrent qu'au Canada, après une génération de luttes des féministes, soixante-dix pour cent du fardeau de l'éducation ainsi que des soins prodigués aux enfants, aux personnes âgées, aux malades et aux infirmes retombent sur les épaules des femmes, dont la plupart ne sont pas payées pour ces tâches essentielles[12]. Cette situation aide à voir que la remise en question de la vie familiale dans les années 1960 était une révolte contre l'inégalité et non pas contre le sacrifice lui-même. Sinon en juge par les résultats, la révolution reste inachevée.

Mais le féminisme était bien davantage qu'une révolte contre l'inégalité devant le sacrifice. C'était aussi une révolte contre un certain type de sacrifice, en particulier celui de l'identité féminine. Les jeunes femmes qui arrivaient à l'âge adulte en 1960 voyaient leurs mères, qui avaient grandi pendant la Crise ou la Deuxième Guerre mondiale, et qui éprouvaient le sentiment d'avoir sacrifié à leur mari et à leurs enfants leur vie personnelle et leur moi profond. C'était le péché capital qu'il fallait ne plus commettre. Mais ce que les filles appelaient sacrifice, sur un ton accusateur, leurs mères y voyaient une sorte d'accomplissement. L'affrontement était souvent douloureux, mais conduisait à la reconnaissance de l'injustice passée.

Arrivé à l'âge adulte à la fin des années 1960, j'ai été profondément influencé par le discours féministe et par cet affrontement entre mères et filles. Comme beaucoup, je n'allais pas tarder à vivre ma version personnelle de *Pères et Fils*[13]. L'idée principale que j'en garde, héritée principalement mais pas seulement du féminisme, est que chacun a le droit de vivre sa vie et qu'il faut se battre envers et contre tous pour exercer ce droit. C'est ce que l'on a appelé l'idéal d'authenticité[14]. C'est au nom de cet idéal que nous sommes partis, les gens de ma génération, à la recherche de nous-mêmes. Pour cela, nous devions prendre nos distances de la famille, de la carrière, de la société, et écouter nos pulsions profondes. Parfois, le résultat était risible : le culte de l'authenticité des années 1960 a vite produit un néo-conformisme banal. Nous sommes tous partis à la recherche de nous-mêmes et nous nous sommes tous retrouvés ensemble à l'université, même les décrocheurs tendant à se conformer au non-conformisme officiel.

Pour beaucoup d'entre nous, même ceux pour qui les années 1960 ne furent qu'une péripétie ou ne sont plus qu'un souvenir, l'idéal d'authenticité a exercé une profonde influence sur notre conception de ce que devaient être une carrière et une vie. L'authenticité nous disait que nous avions des devoirs envers nous-mêmes et non seulement envers notre prochain, et que, en cas de conflit, nous aurions parfois à préférer notre intérêt à nos familles, à nos enfants, à nos amants et amantes, et à nos amis.

Pour résumer, la révolution des droits dans la vie privée reposait sur deux concepts moraux : le sacrifice familial est injuste s'il n'est pas égal, et le devoir envers soi-même est égal au devoir envers autrui. Admettons-le, ces valeurs sont hautement discutables. Nos critiques conservateurs diraient que ces principes n'étaient que des justifications entortillées de notre égoïsme. Ce que j'appelle la révolution des droits, ils la qualifieraient probablement de révolution de la permissivité ou du laxisme. Le vice fondamental de la permissivité est d'exiger des droits sans se reconnaître de responsabilité en retour, le sexe sans l'amour, l'intimité sans don de soi et, pis, le désir d'avoir des enfants sans la volonté d'en assumer la charge. La gauche, dira-t-on, a fait un pacte avec le diable. Au nom d'une éthique de l'authenticité, le discours sur les droits mine toute possibilité de comportement moral puisqu'il semble approuver les plus égoïstes des impulsions : la rupture du mariage quand les choses vont mal, l'abandon des enfants quand le travail appelle, la recherche du plaisir au détriment des responsabilités. Pour aggraver les choses, disent les conservateurs, l'État encourage cette irresponsabilité en offrant de l'aide sociale aux mères célibataires (filles mères, diraient-ils), de sorte que le coût de ce comportement retombe non sur les coupables, mais sur des contribuables déjà pressurés de toutes parts.

Quand le divorce est la norme, disent les conservateurs, les enfants grandissent dans un univers moral où toute confiance est sapée, parce que la trahison est toujours possible[15]. Selon eux, nous produirons une génération qui se méfie tellement de tout et de tous qu'elle ne fondera pas de familles.

Même les familles qui ont survécu à ce laxisme, ajoute-on, en ont gravement souffert. L'erreur était de croire que la famille est une société d'égaux en droits. Les enfants ne sont pas les égaux de leurs parents : ils ont besoin de règles et de limites. L'éducation permissive, fondée sur l'égalité des droits, explique-t-on, a produit une génération de jeunes adultes qui n'ont jamais appris le sens de la discipline.

Accordons quelques points à cette critique de la droite. Admettons que la liberté ne justifie pas que l'on ne fasse que ce qui nous plaît. Affirmons que les parents doivent savoir dire non ; que la moralité commence, pour les enfants, lorsqu'ils découvrent qu'il existe des limites ; que l'on ne juge pas d'un mariage par le seul bonheur de ceux qui ont tenté l'aventure, mais par des critères plus exigeants, comme la durée. Rien de tout cela ne contredit les idéaux de gauche ni n'empêche l'égalité entre hommes et femmes. En fait, il est impossible de penser qu'un mariage puisse survivre si les deux conjoints ne s'efforcent pas de réaliser l'égalité.

La critique conservatrice marque donc des points, mais elle n'en est pas moins réactionnaire au sens strict du terme. Les conservateurs veulent revenir en arrière, et y arriver par des lois coercitives, qui rendraient par exemple le divorce plus difficile ou pénaliseraient les parents seuls. Leur programme contredit le fondement même de la philosophie conservatrice : la défense de la liberté individuelle. La position de la gauche est plus conforme à ce programme. Et une culture de droits de gauche n'efface pas la responsabilité : elle la présume. Engendrer un enfant suppose que l'on assume la responsabilité de son éducation. Un père qui abandonne sa famille et refuse de payer une pension doit être poursuivi et, s'il s'entête, être puni. Si une femme enceinte consomme de l'alcool et des drogues au détriment de l'enfant qu'elle porte, elle doit sentir tout le poids de la loi[16]. Un gouvernement dont les services de protection de l'enfance n'épinglent pas les parents négligents et qui se contente de payer les pots cassés dissout le lien entre droits et responsabilités qui fait qu'une culture des droits ne va pas à l'encontre de l'ordre public. Là-dessus, progressistes et conservateurs s'entendront.

Mais, sur d'autres questions, le fossé ne peut être comblé. Ce que les conservateurs voient comme l'effondrement de la famille, les progressistes le voient comme sa mutation. Il n'existe pas qu'un modèle de bons parents ni qu'un modèle de famille correcte : il y a la famille nucléaire, la famille étendue, la famille monoparentale, la famille homosexuelle. Cela ne veut pas dire qu'il n'y ait plus de critères. Le critère de l'acceptable dans un groupe est général mais évident : chaque membre y montre un souci moral pour le bien-être de tous les autres. On ne parle pas nécessairement d'amour, de caresses, de sentimentalisme, mais d'un engagement moral durable. Un enfant a besoin de sentir que son développement compte beaucoup pour une personne qui restera près de lui aussi longtemps qu'il aura besoin d'elle. Un progressiste insiste sur l'idée qu'il est possible de s'engager à respecter des normes claires de responsabilité et de soins, mais que cette responsabilité et ces soins peuvent être assurés par d'autres personnes et par divers modèles familiaux.

Les valeurs qualifiées de familiales dans les sermons, les discours politiques et la rhétorique du monde du spectacle nord-américain constituent une véritable tyrannie. Elles sont génératrices de culpabilité et de honte chez des gens souvent incapables de se conformer à ce qui est en réalité un modèle familial banlieusard et récent, apparu après la dernière guerre mondiale.

Il faut des valeurs familiales, soit, mais celles dont nous avons besoin doivent être plurielles. Il faut comprendre que les besoins moraux essentiels d'un enfant peuvent trouver satisfaction dans les structures familiales les plus diverses, allant des mariages de raison jusqu'aux foyers homosexuels. La nature et l'instinct sont de piètres guides en ces matières. Si l'art d'être parents était affaire d'instinct, les familles ne seraient pas les institutions destructrices qu'elles sont fréquemment. On a souvent vu de parfaits étrangers être de meilleurs parents que les parents naturels. Ce n'est évidemment pas toujours le cas, comme le montre la fréquence des mauvais traitements infligés aux enfants par des parents adoptifs ou des beaux-parents.

Il s'agit en somme de ne refuser aucun type de parentalité. Il faut insister : l'idéologie ne nous est d'aucun secours en cette matière. Quiconque pense qu'un certain type ou une certaine catégorie de parents peut mieux remplir son rôle que d'autres finira certainement par être démenti par les faits. Des parents de même sexe ont montré qu'il n'y a pas nécessairement de relation entre l'hétérosexualité et l'art d'être de bons parents. Il ne faut pas se demander quel genre de créature sexuelle est le parent, ni même quelle est sa relation, biologique ou autre, avec l'enfant, mais de quel sorte de personne il s'agit. Le seul critère est la capacité d'un souci moral permanent et la volonté de consentir les sacrifices raisonnables nécessaires à l'intérêt de l'enfant. Une famille n'est pas une gare : un enfant ne se développe pas harmonieusement s'il ne reçoit pas des soins et une attention constants. La constance suppose des sacrifices, mais il n'est pas nécessaire de toujours mettre les intérêts de l'enfant au premier rang. Aucun modèle familial ne peut fonctionner s'il exige des sacrifices disproportionnés et continuels. Pour former le sens moral de l'enfant, une famille doit lui enseigner que l'intérêt de la même personne ne doit pas toujours prévaloir, et certainement pas celui de l'enfant.

Tout cela n'est pas facile à gérer. Personne n'est capable de dévouement inconditionnel et constant pour un autre être humain, mais certains s'approchent plus que d'autres de cet idéal. Il serait plus utile d'étudier les façons fort diverses dont les familles peuvent vivre que de mépriser celles qui font les choses différemment. Le pluralisme n'est pas le relativisme, mais il suppose une certaine humilité.

Même si l'on admet la viabilité de familles divorcées ou monoparentales, ou de couples homosexuels, objectent les conservateurs, le vrai problème est que ces nouvelles formes de famille ne sont pas durables. Elles sont rongées de l'intérieur par l'idéologie de gauche qui veut que la vie de famille soit heureuse et que, en cas d'échec, chaque membre doive exercer son droit à la sécession.

Admettons que beaucoup de pères — et même de mères — désertent leurs familles « pour se découvrir » et que les enfants paient cher l'incapacité des adultes de concilier devoir et désirs, liberté et responsabilité. Comme père, je ne puis que regretter les tendances que révèlent les statistiques sur la paternité et sur le divorce. Dans 86 pour cent des cas, ce sont les mères qui ont la garde des enfants, et 40 pour cent des enfants de familles divorcées ne voient leur père qu'une fois par mois. Selon des recherches effectuées en Angleterre, dans les familles où les deux époux travaillent, les mères passent 90 minutes par jour avec leurs enfants, et les pères seulement 15 minutes. Les proportions doivent être à peu près les mêmes au Canada. Le rêve d'authenticité — où les deux parents cherchent à s'exprimer pleinement dans leur vie professionnelle — est parfois réalisé, on le voit, au détriment des enfants. Mais cessons de déplorer ces tendances comme si nous n'y pouvions rien, comme s'il s'agissait d'une fatalité. Nous avons fait la révolution des droits, et il nous faut maintenant en corriger les conséquences. C'est précisément ce que font les parents qui travaillent. Je ne connais pas un couple qui ne soit conscient du fossé qui sépare ce qu'il doit à ses enfants et ce qu'il se doit à lui-même. Beaucoup ont cherché à tout concilier pour découvrir que la chose dont ils ont besoin plus que tout, c'est du temps à passer ensemble.

Bien des familles craquent sous ces tensions contradictoires. Certains parents disparaissent tout simplement. Le père invisible, qui ne voit plus ses enfants et refuse même de verser une pension pour leur entretien, est une réalité, et son absence peut avoir des effets dévastateurs sur ses enfants[17]. Ces derniers ne sont pas seuls à souffrir. Les femmes aussi sont touchées. Le divorce est devenu une des principales causes d'inégalité économique au Canada ; ce sont les femmes seules, souvent, qui portent le fardeau de la pauvreté[18].

Pourtant, la crise est trop complexe pour qu'on l'attribue de façon simpliste aux seuls pères absents. En 1998, un groupe de pères se sont plaints amèrement à une commission parlementaire de devoir porter publiquement l'essentiel du blâme pour tous les maux de la famille. En fait, disaient-ils, ils souffrent de discrimination. Les tribunaux confient systématiquement les enfants aux mères, et des avocats spécialisés abusent des lois et procédures de divorce pour dépouiller les hommes de leurs biens. Ces hommes demandaient que le régime de garde et de visite instauré par la loi de 1985 soit remplacé par un régime de « responsabilité partagée » où les deux parents auraient un droit égal d'élever leurs enfants[19]. Ce sont des propositions pleine de bon sens et que l'on attendait depuis longtemps. Le fait qu'on en discute désormais montre que les hommes et les femmes luttent pour corriger les effets pervers de la révolution des droits, de façon à ce que l'égalité de tous ne soit pas qu'une fiction.

Devant ces problèmes, les progressistes doivent faire face à leurs responsabilités. Reconnaissons que la révolution des droits est partiellement l'origine des problèmes de la famille avec leurs conséquences sociales. Même si beaucoup d'autres facteurs ont joué, comme la pression du travail et la mobilité qu'impose le succès dans une société capitaliste, il n'en reste pas moins que nous divorçons bien plus que nos grands-parents principalement à cause des libertés qui nous sont si chères et qui ont fait de nous les personnes que nous sommes. Nous défendons notre droit au bonheur ; nous voulons vivre pleinement nos vies au lieu de les subir ; nous sommes beaucoup plus exigeants que l'étaient nos grands-parents en ce qui concerne la satisfaction sexuelle et la variété des expériences en ce domaine.

Mais la critique conservatrice, qui tient ces désirs pour de l'égoïsme, ne mène nulle part. Des gens peuvent bien se repentir de leur égoïsme et réfréner leurs appétits, mais la révolution des droits a été alimentée par quelque chose de beaucoup plus fort que l'appétit : elle a été alimentée par les valeurs d'authenticité qui forment notre conception de ce que doit être une vie réussie. Le taux de divorce nous dit que les hommes et les femmes n'acceptent plus de se résigner et de souffrir en silence. Notre culture des droits autorise le mécontentement et permet la récrimination. Elle légitime la décision de deux personnes de se quitter.

Le conflit entre la fidélité à quelqu'un d'autre et la fidélité à soi-même est beaucoup plus profond que nos parents le pensaient. Il est tout à fait possible d'être fidèle à autrui, à sa femme, à son mari ou à ses enfants et de se trahir soi-même. Par trahison, j'entends le fait de se donner à autrui d'une façon qui conduit à gaspiller ses talents et la contribution unique que l'on peut apporter à la société. En se trahissant de cette façon, on se rend inutile et incapable de remplir ses devoirs et d'assumer ses responsabilités avec conviction et en se respectant soi-même. C'est cette conviction morale, bien plus que les tentations sexuelles, qui cause la ruine de tant de mariages. Un mariage peut survivre aux tentations, il peut même survivre à une trahison. Mais il ne peut survivre si l'un des conjoints estime qu'il a trahi l'essentiel de lui-même. Nous devrions avoir la franchise d'admettre qu'un mariage qui oblige un couple à se trahir lui-même mérite d'échouer.

Même s'il faut accepter la nécessité du divorce, on ne peut pas s'imaginer qu'il en existe de faciles. Même quand les choses tournent bien, les divorcés peuvent conserver un sentiment d'échec et de tristesse toute leur vie. Et le mal fait aux enfants est réel, quoiqu'il faille toujours l'évaluer en comparaison de ce qu'ils auraient souffert si les parents étaient restés ensemble. En vérité, il faut dire du divorce qu'il enseigne aux enfants une vérité triste mais réelle : l'amour n'est pas éternel, la confiance peut se perdre autant que se gagner, et la trahison est une réalité de la vie. Certains pensent qu'il vaut mieux taire ces vérités aux enfants pour les protéger. Pour ma part, je ne pense pas que les innocents doivent jouir de pareil privilège, parce que de leur cacher la vérité ne les aide en rien. Quiconque divorce apprend une chose : s'il n'est pas possible de justifier ce divorce auprès des enfants, il lui est impossible de le justifier à ses propres yeux. Or, cette justification est essentielle. Une autre vérité est sous-jacente : la famille moderne repose sur l'égalité morale, chacun y a des revendications et des droits, dont l'un est précisément cette justification.

Nous devons la vérité aux enfants. Nous devons leur dire les raisons de notre conduite. Le souci moral implique que nous les aidions à nous voir tels que nous sommes : des êtres imparfaits aux prises avec des difficultés. Dans un divorce, chacun des parents tombe de son piédestal. Mais pourquoi diable étions-nous grimpés sur ce piédestal ? Les parents n'ont pas à être des héros. Ni à être des amis. Ils doivent être des parents, tout simplement[20].

Les enfants ont des droits. Pas seulement celui d'être logés, nourris et protégés de la violence, mais aussi celui d'être traités comme des acteurs moraux, avec des intentions, des objectifs et une vision du monde qui n'est pas nécessairement semblable à la nôtre, nous devons le reconnaître. L'idée que les progressistes se font de la famille place l'empathie au cœur de la relation, c'est-à-dire qu'ils ne tiennent pas les enfants pour acquis, ils ne les voient pas comme des témoins silencieux et obéissants des drames qui se jouent au-dessus de leurs têtes. Ils les reconnaissent comme les adultes virtuels qu'ils sont, dont il faut déchiffrer l'esprit, comprendre le cœur et gagner l'affection.

Est-ce qu'une société d'enfants du divorce sera une société où personne ne peut se faire confiance ? Cela ne se produira que si nous mentons aux enfants, si nous faisons semblant d'être heureux quand il n'en est rien, si nous ne traitons pas leurs émotions avec le respect qu'elles méritent. Cela ne se produira que si nous ne savons pas leur donner ce dont nous avons nous-mêmes besoin : la lumière et la chaleur d'un souci moral constant.

Il serait complaisant d'accepter le *statu quo* en ce qui concerne le mariage et la famille. Les conservateurs attribuent les malaises actuels à la révolution des droits. C'est une erreur. Le malaise existait déjà : la révolution des droits a simplement permis aux hommes et aux femmes d'agir pour changer ce qui auparavant ne semblait pas pouvoir l'être. Cette révolution a donné aux gens la conscience de leur possibilité d'être des acteurs du changement, leur a permis de considérer leurs besoins les plus pressants comme des droits et de donner de la dignité à leurs revendications devant l'injustice et le manque d'équité de la vie en famille. Mais ce défaut d'équité perdure et ne disparaîtra pas uniquement par la force de la volonté, de l'autorépression ou de la loi.

Nous ne pouvons pas revenir en arrière, défaire ce qui a été fait. Les changements dans la vie familiale ne sont pas une mode passagère. Ils ne sont pas la conséquence d'un effondrement des valeurs et de la montée de l'égoïsme. Ces changements sont permanents et nous devons faire en sorte que tous les citoyens bénéficient de cette égalité morale dans leur vie privée. Les familles désunies ont besoin d'aide pour que la responsabilité parentale soit pleinement partagée, et pour que nos modèles rigides de garde et de visite n'isolent pas les parents de leurs enfants. Il faut créer des institutions capables d'arbitrer les conflits familiaux à faible coût au lieu de grever les budgets des familles avec des frais juridiques excessifs. Loin de renoncer au projet égalitaire des années 1960, il faut le mener à terme. Les couples de même sexe doivent se voir reconnaître le droit au mariage, à l'adoption et à la paternité tout comme les couples hétérosexuels, avec les mêmes critères de responsabilité.

Les familles solides aussi ont besoin d'aide, d'un système scolaire public de qualité, de garderies subventionnées, d'un système médical et hospitalier gratuit, de l'assurance-chômage et de l'assurance contre les accidents. Les familles ont aussi besoin d'être soulagées de la pression constante du travail et du stress. Il faut légiférer en matière d'emploi pour libérer les familles de l'engrenage du travail précaire et mal payé des deux parents. Notre politique sociale devrait viser à donner aux familles du temps à passer ensemble.

Les familles solides survivent, aujourd'hui, non pas en jetant les valeurs de la génération précédente par-dessus bord, mais en les réinventant et en repensant la division du travail. Elles équilibrent droits et responsabilités, cherchent à partager les sacrifices nécessaires et se débrouillent pour tracer des limites raisonnables à la conduite des enfants. Mais aucun modèle idéal de la famille ne s'imposera vraiment — et c'est là le test de la légitimité de toute éthique — s'il ne reconnaît pas le besoin de l'individu de se défendre contre les exigences dévorantes de la famille.

L'opinion conservatrice, toute préoccupée des déficits et de la dette publique, oublie qu'elle ne saurait s'inquiéter sincèrement de l'avenir de la famille si elle n'est pas prête à consacrer à celle-ci des fonds publics. La protection de l'enfance, l'universalité de l'accès aux soins médicaux, les garderies abordables, des écoles élémentaires et secondaires de qualité, voilà les fondations de la voûte protectrice que la société doit ériger au-dessus de la famille. Cet édifice coûtera cher, mais les soi-disant défenseurs des valeurs familiales qui ne sont pas prêts à payer de leur poche ne font que pérorer.

Non, la révolution des droits n'a pas lancé nos sociétés sur la pente glissante du nihilisme et de l'effondrement social. Nous tentons seulement, avec des succès et des échecs, de vivre le double idéal de l'égalité et de l'authenticité, d'avoir une existence qui reflète nos choix sans avoir à massacrer des vies pour y arriver. Il y a bien des débris et des épaves à nos pieds, mais les nouvelles formes de vie familiale et privée qui s'esquissent servent, comme celles qui les ont précédées, à nous assurer une existence d'expériences et de responsabilité partagées. Nous pourrions faire mieux, bien sûr, et il faut reconnaître au plus tôt que nous ne pouvons tout avoir. Si nous voulons des partenaires et des enfants heureux, nous devrons réduire les exigences du travail. Si nous voulons être traités en égaux, nous devrons traiter les autres en égaux. Si nous voulons être respectés de nos enfants, nous devrons respecter leur besoin d'ordre et de discipline. Ce que nous ne pourrons changer, par contre, c'est le sentiment que nous avons désormais d'avoir notre libre-arbitre, l'idée que tous les membres de la famille ont des droits, la découverte que nous avons des devoirs envers nous-mêmes autant qu'envers les autres, que personne n'est condamné à servir, à obéir et à souffrir en silence, que nous avons le devoir de nous voir non pas comme des égaux (puisque les enfants et les parents ne peuvent être égaux), mais comme des personnes morales qui ont le droit de connaître les raisons d'un comportement, et les bonnes raisons. La philosophie progressiste soutient que les enfants ont droit à ces raisons autant qu'à de l'amour, et qu'en fait ces raisons sont une forme d'amour.

On a dit que nous devrions nous méfier de nos désirs parce qu'ils pourraient bien se réaliser. Nous devons considérer notre désarroi et notre angoisse à propos de la famille comme un combat pour faire face aux conséquences de nos désirs. Nous voulions la liberté et nous devrions cesser de nous en excuser. Nous devons par contre en payer le prix. Comme l'écrit Isaiah Berlin, la liberté est une vertu effrayante : elle n'est ni la justice, ni l'égalité ni la paix ; elle n'est que la liberté[21]. Presque tout le monde en a peur. Et la plupart restreindraient volontiers la liberté d'autrui si on les laissait faire. La liberté n'est pas la seule valeur morale, ni la priorité morale, mais elle est la condition de toutes les autres. Une personne qui n'est pas libre ne peut non plus être responsable. Si nous accordons quelque valeur au sens de la responsabilité, nous devons aussi avoir le courage de vivre notre liberté. C'est la condition première de la responsabilité, voire du respect de soi, et c'est par conséquent la base d'une vie vécue dans l'authenticité. La révolution des droits s'est faite au service de la liberté ; nous devons avoir le courage de persévérer et de la mener à terme, jusqu'à ce que chacun soit en mesure d'en bénéficier et non seulement d'en payer le prix.

CHAPITRE V

Droits, reconnaissance et nationalisme

J'ai montré comment divers groupes, pour faire reconnaître leurs droits, ont transformé le Canada depuis quarante ans. Une question fondamentale se pose : la révolution des droits a-t-elle renforcé l'unité du pays ou nous a-t-elle divisés et isolés ?

La réponse dépend du point de vue où l'on se place. Jusqu'ici, j'ai adopté le point de vue des revendicateurs : celui des femmes qui réclament l'égalité sexuelle et économique ; celui des autochtones qui cherchent à faire reconnaître la propriété de leurs terres ; celui des minorités qui veulent protéger leur culture ; celui des homosexuels qui veulent obtenir les mêmes droits que les couples hétérosexuels. Dans cette perspective, les quarante dernières années ont été un long combat pour la liberté, un combat qui est loin d'être terminé. L'unité n'était pas leur premier souci.

Par contre, pour le reste des citoyens qui assistaient silencieux à ces débats, la révolution des droits peut apparaître comme une fragmentation plus que comme une émancipation.

Ils voyaient le Canada de leur enfance se diviser en une collection querelleuse de rivalités hostiles : « gays » contre « normaux », autochtones contre Blancs, infirmes contre bien portants, pauvres contre riches. Il semblait que les pouvoirs que la révolution des droits a donnés à toutes ces minorités fussent arrachés à la majorité. Et une majorité qui se sent affaiblie a naturellement tendance à penser que tout le pays est affaibli aussi.

Les minorités ont donc obtenu la reconnaissance qu'elles voulaient, et maintenant c'est la majorité qui se demande, éberluée, si elle se reconnaît elle-même. D'ailleurs, qu'est-ce que la majorité ? Hier encore, la réponse était simple : la majorité était blanche, hétérosexuelle, en faveur de la famille. Des « nés natifs » du Canada avant tout et parfois autre chose. Maintenant, la population est morcelée, divisée entre groupes raciaux, religieux, ethniques ou sexuels, ce qui rend difficile de parler de majorité. C'est peut-être là une des raisons qui expliquent l'impression très répandue chez les élites que le pays est devenu difficile à gouverner. La démarche fondamentale d'une politique nationale est de créer une majorité, c'est-à-dire une grande coalition d'intérêts. En fragmentant la majorité, la révolution des droits a aussi disloqué les coalitions qui assuraient l'unité du pays.

La révolution des droits fait aussi de la politique un échange de récriminations entre prétendues victimes et prétendus oppresseurs. Non pas que les victimes n'en soient pas vraiment, mais la majorité a beaucoup de mal à admettre qu'elle puisse être responsable des torts des générations précédentes. Pendant combien de temps devra-t-elle payer pour le mal fait aux autochtones dans le passé ? Jusqu'à quand devra-t-elle s'accuser de racisme, de sexisme et d'autres injustices ? Il est clair que cet examen de conscience suscite chez bien des gens du ressentiment plutôt qu'une reconnaissance des différences. Victimes et oppresseurs s'enferment dans leurs rôles respectifs et dans une dépendance mutuelle. Les minorités n'aiment pas dépendre de la majorité pour la réparation des injustices qu'elle leur a fait subir. La majorité déteste dépendre des minorités pour qu'elles lui accordent leur pardon. D'ailleurs, comme un pardon exclurait des recours ultérieurs, les victimes tendent à le refuser. Et puisque réparation implique culpabilité, on la refuse aussi. Au débat politique se substituent l'entêtement et le chantage. Beaucoup de Canadiens se sentent accusés systématiquement et à tort par divers groupes de victimes et ne voient pas la révolution des droits comme un combat pour la pleine participation à la vie sociale, mais comme la fragmentation d'un pays hier encore uni et puissant.

Avant d'établir si la révolution des droits a vraiment sapé l'unité nationale, il faut voir que mettre l'accent sur cette révolution et ses conséquences change notre vision de l'unité. Le débat sur l'unité nationale portait presque seulement, au début des années 1960, sur le Québec : les réformes que réclamaient les Québécois étaient-elles réalisables dans le cadre fédéral ? Les demandes d'autres groupes — femmes, autochtones, minorités visibles, minorités sexuelles — n'étaient pas de nature constitutionnelle. Et aucun de ces groupes ne paraissait menacer l'unité politique du pays. Le seul défi de cette nature était posé par le Québec et concernait les grands-prêtres du Saint des Saints constitutionnel : juristes et fonctionnaires fédéraux ou provinciaux, qui savent par cœur la moindre clause de l'Acte de l'Amérique du Nord britannique, et dont on disait en se moquant qu'ils sauraient déterminer si la copulation est, au Canada, de juridiction fédérale ou provinciale.

Ces grands-prêtres officiaient depuis cent vingt-cinq ans, interprétant les textes sacrés et noyant les fidèles dans les volutes d'encens de leur rhétorique. Mais il n'ont pas su assurer la paix nationale. En fait, lors du référendum tenu au Québec sur la réforme constitutionnelle, en 1995, le Canada est passé à quelques milliers de voix de la scission. Les grands-prêtres avaient totalement perdu le contrôle de la liturgie de l'unité. Le combat des gouvernements successifs du Québec pour réformer la Constitution s'était dilué en mille autres luttes pour la reconnaissance. Les femmes et les autochtones ont exigé de participer aux négociations, et le Québec s'est rendu compte qu'on ne discuterait pas de ses revendications indépendamment de celles des féministes et des leaders autochtones. Jetées pêle-mêle sur la même table de négociation, toutes ces revendications ne pouvaient trouver satisfaction. La discussion bilatérale entre le Québec et le reste du Canada s'était transformée en un complexe jeu d'échecs tridimensionnel. « L'hystérie revendicatrice » a conduit les analystes à se demander si le Canada pouvait survivre[1].

On peut cependant voir les choses par l'autre bout de la lorgnette : loin de morceler le pays, le débat sur les droits a rendu le processus de construction nationale plus démocratique. En imposant leur présence aux négociations, entre 1987 et 1991, c'est pour tous les Canadiens que les femmes et les autochtones ont conquis le droit de participer. Dorénavant, tout changement constitutionnel devra être approuvé dans un référendum national. Les citoyens ont envahi le Saint des Saints ; il est désormais impossible de changer les rites sans leur consentement.

On peut généraliser cette relation entre la lutte pour les droits et la démocratie. Les revendications des minorités ont souvent profité à tous les citoyens. Par exemple, les femmes ne se battaient pas que pour elles, mais également pour leurs enfants et même pour leurs hommes. La Charte des droits et libertés n'est pas seulement une liste de droits pour groupes linguistiques, sexuels ou autochtones : elle garantit les droits de tous. Dans la mesure où la lutte de groupes spécifiques clarifie ou étend les droits de tous, elle n'affaiblit pas le pays, elle le renforce.

Même quand certains droits nouveaux ne bénéficient qu'à un petit groupe, tout le monde profite du fait que le processus politique s'est élargi et répond mieux aux besoins et aux aspirations de tous. Par exemple, l'accès de tous les lieux publics aux handicapés ne concerne directement que ces derniers, mais nous bénéficions tous d'un changement de climat social, puisque leur dépendance nous embarrassait autant qu'eux. Libérés de cette dépendance, ils peuvent avoir avec nous des relations égalitaires. Et nous profitons tout du fait qu'ils peuvent mieux contribuer au bon fonctionnement de la démocratie. Nous n'avons plus à les représenter pour défendre leurs intérêts puisqu'ils peuvent désormais le faire eux-mêmes, et mieux que nous².

Le bénéfice que la majorité retire de la révolution des droits n'est pas aussi évident. Les luttes pour la langue, pour la propriété des terres ancestrales ou pour la liberté sexuelle semblent plutôt lui enlever du pouvoir et de l'autorité culturelle. Par autorité culturelle, il faut entendre le droit qui revient à la majorité de définir ce en quoi le pays « croit », comment il se perçoit et comment il est perçu à l'étranger. Ainsi, en matière de morale sexuelle, la révolution des droits a réduit le pouvoir que détenait la majorité hétérosexuelle de définir ce qui est normal et quelles sont les règles de conduite de la vie privée. En matière d'histoire et d'identité nationales, la révolution autochtone a forcé la majorité à reconnaître son passé raciste. Quand un groupe conquiert des droits, en somme, il change l'ensemble de la réalité nationale, ce qui peut être douloureux. Ces droits une fois conquis, la majorité doit vivre avec la nouvelle vérité, si difficile que ce soit.

La majorité est également touchée de façon plus directe : en général, il lui faut assumer le coût financier de ces changements. Dans l'esprit de beaucoup de citoyens, les minorités considèrent l'État comme un grand magasin, situé au carrefour des routes fédérale et provinciale, où chacun peut se servir à volonté sous le prétexte de quelque injustice ancienne. Le coût de ces revendications — aide sociale, assurance-chômage, équité salariale ou compensations aux autochtones — a certainement contribué aux déficits et à la dette nationale. En 1995, le problème était devenu criant. Mais la solution choisie, la réduction du budget de dépenses du gouvernement fédéral, a affaibli les programmes de bien-être social et de développement régional qui sont le ciment du pays. En ce sens, la satisfaction des revendications n'a pas toujours renforcé l'unité nationale.

La montée du nationalisme canadien-anglais depuis 1980 est une réaction à cette évolution, et pas seulement au nationalisme québécois. Le Canada anglais s'est campé sur une seule position : *assez!* Ce ras-le-bol ne concerne pas que le Québec, mais aussi les autochtones et tous les autres groupes de pression. Assez de concessions, assez de négociations, assez de droits. Il s'est développé un courant d'intérêt nouveau pour le fédéralisme « symétrique » : égalité des provinces, égalité des individus, pas de statut particulier pour qui que ce soit. Le modèle national que j'ai appelé la table de billard semble promettre la fin de la politique de victimisation et de chantage. Nous cesserions de nous considérer comme des collectivités concurrentes en matière de droits pour nous voir comme des citoyens d'abord.

J'ai déjà expliqué que ce modèle symétrique est impossible. Il contredit toute notre histoire. Le Canada est une mosaïque de sociétés distinctes. Le Québec a pleinement le droit d'être reconnu comme société distincte, avec ses lois sur la langue et sur l'immigration, et avec un système scolaire qui diffère de ceux du reste du pays précisément pour protéger sa différence. Le Nouveau-Brunswick a aussi besoin d'un système scolaire et de lois linguistiques spécifiques à cause de l'importance numérique de la population acadienne. Les provinces où vit une importante minorité autochtone, comme la Colombie-Britannique, pourraient devoir se distinguer des autres en ce qui concerne la délégation de pouvoirs en matière de terres et de richesses naturelles. Chaque situation est différente et chacune doit être traitée différemment.

La reconnaissance des différences ne morcelle pas nécessairement le pays si toutes ces mesures spécifiques sont intégrées dans une politique de réciprocité. Le Canada s'attend à ce que le Québec protège la langue, la culture et la religion de ses propres minorités en échange de certains pouvoirs en matière de langue et de culture. L'alternative à la souque à la corde des menaces et des concessions n'est pas la symétrie, mais la réciprocité, c'est-à-dire une démarche de reconnaissance mutuelle où chacun reconnaît la spécificité d'autrui.

Les groupes autochtones, par exemple, en tant que premiers habitants du pays, ont des revendications uniques en matière de territoire et de richesses naturelles. Mais si les traités d'antan ne peuvent être annulés sans le consentement de ces groupes, les droits des autres Canadiens ne peuvent non plus être abolis par la reconnaissance des droits autochtones. Les solutions doivent concilier les revendications des autochtones et le droit des autres citoyens à jouir des richesses du pays ainsi que le devoir du gouvernement fédéral de bien gérer et de protéger l'environnement. Tant sur la côte ouest que sur la côte atlantique, ces conflits ont été tumultueux. Burnt Church a rejoint Oka dans l'histoire de nos affrontements. Mais, au lieu de nous lamenter sur la montée de la violence, disons-nous que ces conflits naissent des revendications et non pas de la conquête des droits. Et, en matière de propriété et de gestion des richesses naturelles, il est bon que les revendications soient perçues comme des droits[3]. Voulons-nous revenir au temps où le gouvernement fédéral faisait ce qu'il voulait des richesses naturelles et où les Amérindiens n'avaient aucun droit ? Nous ne voulons pas non plus que des gens en soient réduits à violer les lois et à recourir à la violence. Si ces situations extrêmes nous sont intolérables, il nous faut accepter les décisions des tribunaux et les compromis des Parlements[4]. Il n'y a pas d'autre solution que d'accepter la souveraineté du Canada et la primauté de ses lois. C'est dans ce cadre que l'on pourra réconcilier les droits des autochtones, ceux de tous les autres Canadiens et la responsabilité environnementale du gouvernement.

Notre objectif commun est de reconnaître les droits collectifs et d'assurer l'unité des citoyens, sans créer de privilégiés ni de subalternes, tous étant égaux quant à la considération qui leur est due.

Il ne suffit pas de reconnaître ou d'accorder des droits aux uns et aux autres. Il faut aussi que les uns et les autres admettent mutuellement leur droit à la différence et à l'identité. Pour l'instant, la majorité fait face à des demandes multiples de divers groupes minoritaires, alors que ces groupes n'acceptent pas de reconnaître à leur tour la majorité. De là l'amertume que le Canada anglais éprouve envers le Québec. On exige du Canada anglais qu'il reconnaisse le droit du Québec à un statut distinct sans que cette province accepte en retour la légitimité du Canada. Ce déséquilibre a conduit beaucoup de Canadiens anglais à refuser toute nouvelle concession. Ce n'est pas la nature des exigences du Québec qui est insupportable, mais la menace de sécession qui les accompagne. *Donnez-nous ce que nous demandons ou nous allons partir.* Ce n'est pas là une forme de reconnaissance, mais une expression de mépris.

Ce déséquilibre se fait sentir sur d'autres fronts que celui de la révolution des droits. Quand une minorité sexuelle qui exige la reconnaissance de ses droits exprime son mépris des valeurs familiales de la majorité, comment peut-elle penser qu'elle convaincra cette majorité ? La majorité ne peut imposer ses valeurs, certes, mais elle n'accepte pas non plus qu'on les ridiculise. Et elle ne se sent pas tenue de faire mieux que de tolérer les comportements sexuels minoritaires. L'approbation inconditionnelle que l'on exige d'elle ne se concrétisera pas en un changement d'attitude sincère mais uniquement en manifestations superficielles de « rectitude politique ». Mais si la reconnaissance est mutuelle, si la minorité admet tout autant que la majorité que, en matière de sexualité, les orientations sont compatibles à condition que l'on s'entende sur ce qui est cruel, dégradant, violent et injuste, le changement d'attitude sera sincère. Pour compenser le sentiment de dislocation de la moralité, il est important de dégager le consensus selon lequel des critères de consentement et de décence sont compatibles avec la prolifération des types d'expériences sexuelles. Au lieu du contrat d'indifférence mutuelle où la majorité et la minorité se contentent de noter leur profond désaccord, il faut un dialogue qui conduise à un consensus sur ce que nous condamnons — la cruauté, la négligence et toutes les formes de violence — et sur la forme que doit prendre l'appui aux attitudes que nous voulons encourager. L'idéal serait que majorité et minorités partagent leur expérience dans un processus de reconnaissance mutuelle, et tirent des enseignements les uns des autres, particulièrement sur la manière d'élever les enfants.

En ce qui concerne les autochtones, certains exigent que l'on reconnaisse leurs droits ancestraux tout en traitant les Blancs de « colonisateurs[5] ». Comme si la colonisation du pays n'avait été qu'une sorte de domination impériale, et que la majorité n'avait pas elle aussi le droit de vivre dans le pays que nous avons à partager, ni d'en exploiter les richesses. Cette attitude n'est pas propice à la solution des conflits. Elle n'est pas non plus représentative de l'opinion générale des communautés autochtones. Les autochtones ont toujours collaboré avec les nouveaux arrivants et accepté, à des degrés divers, que d'être les premiers occupants du pays ne soit pas l'unique source de légitimité. Ceux qui sont arrivés plus tard ont acquis des droits par leur travail, en cultivant le sol, en en découvrant les richesses naturelles, en bâtissant des réseaux ferroviaires, routiers et, aujourd'hui, électroniques. Affirmer la légitimité de l'établissement européen au Canada n'est pas affirmer une supériorité, mais simplement affirmer que chacun a des droits sur ce pays, et qu'il faut donc partager[6]. Comme le disait le juge en chef de la Cour suprême, Antonio Lamer : « Il faut se rendre à l'évidence, nous sommes tous ici pour y rester[7]. »

En d'autres mots, la reconnaissance n'est pas une voie à sens unique. L'unité du pays repose sur l'égalité des droits et la réciprocité de la reconnaissance : les minorités acceptent la majorité, la majorité accepte les minorités. Tous bénéficient de la protection de lois qu'ils respectent puisque tous ont contribué à l'élaboration de ces lois. C'est ce que l'on pourrait appeler un nationalisme civique, qui serait le ciment du pays[8]. Pourquoi parler de nationalisme ? N'est-ce pas là un mot dangereux ? Je pourrais écrire patriotisme, mais ce serait perpétuer une distinction douteuse entre le patriotisme, une vertu, et le nationalisme, un sentiment mauvais. « Patriotisme » est le nom que nous donnons à notre amour de la patrie, alors que « nationalisme » est celui que nous réservons au patriotisme des autres[9]. En réalité, il n'y a rien d'intrinsèquement extrémiste ou fanatique dans le nationalisme quand il n'est que l'amour de son pays. Les Canadiens ont de bonnes raisons d'aimer leur pays, et j'ose dire que notre culture des droits est l'une de ces bonnes raisons. Comme je l'ai affirmé plus haut, la spécificité du Canada est d'être une collectivité formée de trois nations, collectivité qui essaie de conjuguer droits individuels et droits collectifs sans rien sacrifier de l'égalité des citoyens ni de l'unité nationale. Et si on me demande ce que j'aime de mon pays, c'est précisément cela.

Il peut sembler étrange de déclarer son amour pour quelque chose d'aussi peu charnel que l'expression juridique des droits. Mais il faut voir les droits comme bien davantage qu'une sèche énumération d'articles constitutionnels, et que de simples instruments juridiques de défense. Les droits créent une culture et l'animent. Et, par culture, il faut entendre les habitudes du cœur. Les droits créent la collectivité, parce que, en admettant l'égalité de tous, nous ne pouvons que révérer l'idée que ces droits sont infrangibles. Défendre ses droits implique que l'on défende aussi ceux d'autrui.

Au moins une des provinces du Canada a appris ce qu'il faut entendre par droits infrangibles. En 1998, une femme qui avait été stérilisée sans son consentement durant son enfance dans l'institution pour handicapés où elle était internée, sous prétexte qu'elle n'avait pas la capacité mentale d'élever des enfants, entama une poursuite judiciaire contre l'Alberta et réclama une compensation pécuniaire. Au moins cinq cents autres femmes avaient subi le même traitement, et le premier ministre de l'Alberta, craignant un raz de marée de réclamations, émit un projet de loi pour limiter le droit de ces femmes à toucher une compensation[10], nonobstant la Charte des droits et libertés. L'opinion publique s'indigna et les protestations forcèrent le premier ministre à renoncer à son projet et à verser une pleine compensation non seulement à la femme qui avait déclenché l'affaire mais à toutes celles qui avaient été stérilisées sans leur consentement. Après sa victoire, l'Albertaine déclara aux journalistes : « Pas mal pour une imbécile ! » Pas mal non plus pour le millier de ses concitoyens qui l'avaient défendue.

L'acceptation de l'infrangibilité doit s'accompagner de l'acceptation du sacrifice mutuel. Pour tous les droits, il y a un prix à payer. Même si nous ne nous prévalons pas de tous nos droits, d'autres le font et il nous en coûte quelque chose[11]. La participation à une société de droits suppose que chacun renonce à une part de sa liberté pour que soient assurés les droits collectifs qui rendent la vie possible. Cette notion de sacrifice est au cœur même de l'appartenance à une collectivité nationale : payer des impôts, obéir aux lois, soumettre ses conflits aux tribunaux et en accepter volontiers les décisions. Le sacrifice ne s'arrête pas là. Si les monuments aux soldats morts au front occupent une place symbolique importante chez tous les peuples, même en souvenir de guerres très anciennes, c'est qu'ils rappellent le sacrifice suprême auquel tous les citoyens doivent être prêts pour que la nation reste libre.

Mais le nationalisme va plus loin que cela. C'est aussi une façon de voir tous ses concitoyens comme membres d'une collectivité soudée dans l'égalité des droits, et assurés en tant que tels de la protection et de l'aide que cette collectivité peut leur apporter.

Pour le Canada, la question centrale, dans la foulée de la révolution des droits, est de savoir si la culture des droits suffit à assurer la cohésion du pays, si elle crée un sentiment d'appartenance assez fort et une reconnaissance mutuelle assez profonde pour nous permettre de concilier nos différences. Un reproche fréquent que l'on fait aux tenants du nationalisme civique est qu'il est bien superficiel. Ils proposent d'asseoir la solidarité nationale sur l'égalité des droits, mais ni les droits ni l'égalité ne peuvent, selon ces critiques, ancrer solidement et de façon permanente la loyauté et l'affection des citoyens[12].

C'est une inquiétude très ancienne dans toutes les sociétés dont les droits et libertés constituent le fondement. Devant le genre de société que la Révolution française lui semblait annoncer, le grand penseur anglo-irlandais Edmund Burke pensait que les révolutionnaires se condamnaient à la rébellion permanente[13]. Car cette société nouvelle était fondée sur le contrat social, le consentement collectif, entente susceptible d'être dissoute. Au contraire, l'Ancien Régime, dont il pleurait la disparition, était fondé sur la tradition, l'Histoire, une origine commune, les sources les plus profondes de l'affection et du dévouement. Si la critique de Burke présente encore de l'intérêt, c'est qu'il avait perçu une faiblesse fondamentale de la société de droits. En termes clairs, les droits ne suffisent pas. Les éléments qui font la force du Canada — le pays, l'Histoire, l'avenir, l'espoir — sont plus importants que les seuls droits. Et pourtant, Burke et les conservateurs sous-estimaient la force des droits comme source de légitimité et de cohésion dans les sociétés modernes, tout comme ils idéalisaient sentimentalement la légitimité de l'Ancien Régime. L'antique filet des relations personnelles n'a pas suffi à assurer la pérennité de ce régime, et la république démocratique qui lui a succédé, fondée sur le consentement et le contrat social, dure depuis plus de deux siècles.

Même si les sociétés contractuelles se sont révélées remarquablement solides, nous continuons à craindre, pour paraphraser William Butler Yeats, que « le centre ne tiendra pas ».

Pour en revenir au Canada, comparons les États qui reposent sur un nationalisme civique et ceux qui sont nés du nationalisme ethnique. L'État civique est créé par les décisions constituantes des citoyens, tout comme la République française fut créée par la Révolution. Le Canada, entre autres, est un État qui repose sur le nationalisme civique, créé par un pacte de tous ses habitants en 1867. Nous formons une *nation-État*, comme dit Richard Gwyn, c'est-à-dire une collectivité nationale créée et tenue par les droits, les infrastructures et les services gouvernementaux[14].

Dans l'État ethnique, la citoyenneté découle de l'origine ancestrale, de la langue, de la religion, des us et coutumes. L'origine commune, ou « le sang », pour utiliser un vieux cliché, forme la base de l'identité et de la reconnaissance mutuelle. L'Allemagne pouvait être décrite comme une collectivité nationale de germanophones dont l'identité ethnique existait avant l'État allemand. L'Allemagne, où l'identité découle avant tout de l'origine ethnique, et ensuite seulement des droits assurés par la loi, est un *État-nation* classique, par opposition à la *nation-État* qu'est le Canada[15].

En fait, aucune nation ne repose uniquement sur l'ethnie ou sur le principe civique. Il s'agit là de deux modèles théoriques[16]. L'unité des États-Unis tient au contrat civique qu'est sa Constitution, mais aussi au fait que la vaste majorité de la population, en dépit de l'existence de minorités diverses, est blanche, chrétienne et de langue anglaise. Pourtant, la domination de cette majorité silencieuse va bientôt cesser. D'ici la fin du siècle, la majorité des Américains ne seront ni blancs, ni chrétiens ni de langue anglaise. D'où l'angoisse de certains commentateurs, pour la plupart membres de cette majorité évanescente, qui se demandent si l'égalité des droits suffira, en l'absence d'origines communes, à assurer la survie de la république[17].

Le Canada fait face à un défi similaire. Il repose non seulement sur sa Constitution, mais sur les liens puissants des origines. Or ces origines ne sont pas communes. Au Québec, la majorité de langue française descend principalement d'ancêtres venus de France. Les Canadiens anglais descendent, pour beaucoup, des colons anglais, écossais et irlandais arrivés à partir du XVIIIe siècle. Un million de Canadiens de descendance autochtone se disent les premiers habitants du continent. Ce triple héritage n'affaiblit pas nécessairement le pays — peut-être même le renforce-t-il —, mais il implique que l'unité nationale ne peut résider dans l'appel aux origines.

Voilà pourquoi le Canada n'a pas le choix : il doit jouer la carte des droits, fonder son unité sur le nationalisme civique. Son unité doit découler de principes politiques plutôt que de l'origine historique. L'importance de cette démarche est d'autant plus grande que l'immigration récente et actuelle a un effet profond sur la nature du pays. Comme il se parle plus de soixante-dix langues dans nos grandes villes, il est clair qu'il nous faut un langage commun et que ce sont les droits et non pas l'ascendance qui pourront nous unir[18].

Au cours du siècle, la majorité changera de visage. Elle ne ressemblera en rien à celle où j'ai grandi. Déjà, des citoyens d'ascendance chinoise, ukrainienne ou sikhe ont occupé les plus hauts postes de l'État, et la tendance ne fera que s'amplifier. Les nouvelles élites n'ont pas d'origine commune, elles n'ont que des valeurs communes auxquelles adhérer. Au fur et à mesure que les « néo-Canadiens » poursuivent leur ascension vers les plus hauts échelons de la société, ils imposent des changements dans notre mythologie. Ces Canadiens refusent l'idée selon laquelle le Canada serait un pacte entre nations fondatrices, Français, Anglais et Amérindiens. Ce concept, en effet, leur refuse tout rôle. La plupart admettent que les premiers habitants du continent ont, sur la terre et en matière de langue, des droits qu'eux n'auront jamais ; mais, au fur et à mesure que ces nouveaux venus deviendront la majorité, c'est la garantie du respect des droits et non les mythes originels qui formeront la structure de base de notre société. En vérité, sans ce tissu de la citoyenneté et des droits, il est difficile de voir comment peut durer une société multiculturelle[19].

Il n'y a pas de raison que l'hétérogénéité ethnique soit incompatible avec l'unité nationale si tous les Canadiens s'acceptent et se respectent comme égaux en droits. Mais nous sommes loin de cela. Par exemple, la brutalité policière envers les minorités ethniques devrait être un problème national, car si les serviteurs du public ne respectent pas la loi, s'ils maltraitent un groupe en particulier, c'est l'essence même de la nation comme collectivité d'égaux qui est remise en question. La réponse à la brutalité policière n'est pas, comme on le propose, de sensibiliser davantage la police aux problèmes raciaux, mais de donner aux policiers une meilleure formation en matière de justice, de leur faire comprendre que la condition *sine qua non* de l'unité, de la civilité et de l'ordre social est l'égalité de tous devant la loi et devant l'État.

Alors que l'ensemble du Canada évolue rapidement vers l'homogénéité ethnique et vers une notion de l'unité basée sur des valeurs civiques communes, le Québec continue à être tenté de suivre une voie différente, de quitter le Canada et d'asseoir sa souveraineté nationale sur une majorité ethnique. Il affronte pourtant les mêmes forces démographiques qui ont transformé Toronto. Il se parle autant de langues sur les terrains de jeux et dans les cours de récréation de Montréal que dans les équipes et les classes de Toronto ou de Vancouver. Le nouveau Québec sera blanc, noir, café au lait, asiatique.

Le Québec a toujours été une société hétérogène, et la plupart des Québécois ne sont pas « pure laine* », comme le prouve la belle fréquence de O'Neil et de O'Brien francophones. Mais un courant minoritaire de l'opinion nationaliste voit le Québec comme la patrie des Québécois « de vieille

---

* N.d.T. : en français dans le texte.

souche* ». L'indépendance leur apparaît avant tout comme un moyen d'assurer la domination de la majorité ethnique. Dans les moments de crise et de déception, comme au soir de leur défaite au référendum de 1995, ces nationalistes attribuent leur échec aux minorités ethniques, à l'étranger, à l'ennemi intérieur. Il ne faut pas s'étonner que ces minorités craignent que leurs droits ne soient pas garantis dans un Québec indépendant. Ils considèrent le Canada et la Charte des droits et libertés comme la sauvegarde ultime de leurs libertés.

Le séparatisme Québécois est sans aucun doute un nationalisme ethnique enraciné dans un mythe des origines, même si la plupart des nationalistes aspirent à créer un Québec civique, dont tous les habitants seraient égaux en droit. Cette dichotomie entre le sentiment ethnique et la conscience civique est une contradiction fondamentale du nationalisme québécois, et le projet politique du Québec est voué à l'échec aussi longtemps que celui-ci ne saura pas persuader des minorités immigrantes de plus en plus nombreuses de la sincérité de ses idéaux civiques.

De même, le séparatisme restera voué à l'échec aussi longtemps que le Canada saura persuader les Canadiens français de participer à la vie nationale. La province de Québec n'a jamais été le seul foyer national des Canadiens français. Comme l'a expliqué John Ralston Saul, la politique canadienne a toujours été l'œuvre de partenaires canadiens-français et canadiens-anglais. De Baldwin et Louis Hippolyte Lafontaine en 1840 à Mackenzie King et Ernest Lapointe dans les années 1920**, les leaders québécois ont toujours considéré le Canada comme

---

* *Id.*

** N.d.T. : William Lyon MacKenzie King fut premier ministre libéral de 1921 à 1930 et de 1935 à 1948. Ernest Lapointe fut son ministre de la Justice, responsable des relations avec le Québec et du parti dans cette province de 1924 à son décès en 1941.

leur patrie tout autant que le Québec[20]. Ce partenariat a permis les plus grandes réalisations de l'histoire canadienne : la conquête du gouvernement responsable, celle de l'indépendance, la construction d'un chemin de fer transcontinental et l'égalité de tous. Ce partenariat fonctionne toujours, et les Canadiens anglais, qui ont été dirigés par trois premiers ministres canadiens-français depuis 1945, ne comprennent pas que les Québécois éprouvent la nécessité d'êtres maîtres chez eux dans une petite patrie appelée Québec quand ils le sont dans la grande qui est le Canada.

Il ne fait pas de doute que le Québec constitue une nation si par ce mot on entend un groupe d'êtres humains qui se conçoit comme une nation, qui partage une langue commune et qui croit à certains mythes originels communs et à certains principes politiques. Et, si les Québécois sont une nation, ils doivent pouvoir se gouverner eux-mêmes. Mais l'autodétermination n'implique pas nécessairement le droit à la sécession. La sécession et l'indépendance se justifient pour une nation menacée de destruction, et seulement si la possession des pouvoirs d'un État souverain garantit son salut. Les Kosovars, par exemple, ont le droit moral de faire sécession, parce que les Serbes les opprimaient indubitablement. Cette oppression empêchait leur survie dans le cadre de l'État yougoslave[21]. Mais l'existence du Québec n'est pas en péril, et les Québécois n'ont pas besoin d'un État indépendant pour diriger leurs affaires. La plupart des nations, en fait, trouvent l'autodétermination dans le cadre d'un État commun avec d'autres nations, en exerçant leur autonomie par le moyen d'une dévolution de pouvoir. L'expérience fédérale canadienne en est un exemple réussi.

En l'absence d'un régime oppressif qui justifierait leur appel à la sécession, les séparatistes québécois allèguent que le fédéralisme est un obstacle à une véritable autodétermination. L'argument apparaît spécieux, puisque quiconque peut voir que le gouvernement du Québec a pleine et entière autorité en matière d'éducation, de politique linguistique, d'emploi et d'immigration. On peut en déduire que la véritable question en jeu n'est pas la division des pouvoirs dans un système fédéral, mais le symbolisme même de la souveraineté. Beaucoup de Québécois, sentant qu'ils n'ont jamais pris possession émotivement et psychologiquement de l'État fédéral, cherchent à créer leur propre État pour enfin se sentir maîtres chez eux. Si c'est le cas, toute négociation sur une dévolution de pouvoirs est une perte de temps. De nouvelles concessions ne serviront à rien.

Le vrai problème est que nous n'avons pas la même vision de l'Histoire. Ce n'est pas une question de pouvoirs ou de droits, mais de vérité. Nous n'habitons pas la même réalité historique. Et il est grand temps d'y parvenir. Deux générations de Canadiens anglais ont demandé respectueusement : « *What does Quebec want?* » Le temps est venu pour nous, Canadiens anglais, de dire qui *nous* sommes et ce qu'est *notre* pays. Et la réponse est celle-ci : nous sommes un partenariat de nations, une communauté de peuples unis dans une citoyenneté commune et l'égalité des droits. Nous avons une histoire commune et, bon gré mal gré, il nous faut partager une même vérité.

Et voici la vérité du Canada anglais. La Conquête britannique de 1763, loin d'étouffer le fait français en Amérique du Nord, a apporté l'autonomie aux Canadiens français pour la première fois. En 1774, en effet, le roi d'Angleterre a reconnu les droits des catholiques, le droit civil français et le droit des *habitants* d'utiliser le français comme langue officielle. Il en est résulté que, depuis plus de deux siècles, les Québécois partagent les mêmes institutions démocratiques que les autres Canadiens, tout en bénéficiant de la reconnaissance de leur caractère national distinct. En fait, un des éléments essentiels de la différence québécoise, si l'on prend la république voisine comme point de comparaison, est l'usage des règles et des traditions parlementaires britanniques à l'Assemblée nationale du Québec.

Ce que je veux démontrer, c'est que les droits ne sauveront

pas le pays si des versions contradictoires de la vérité historique nous divisent. Au Canada, les vérités que chaque nation tient pour évidentes sont celles même qui nous divisent. Alors, que faire ? Nous pourrions simplement mettre ces vérités côte à côte, reconnaître leur incompatibilité et, autant que possible, passer à autre chose. Il n'est guère de société où majorité et minorités parviennent à se mettre d'accord sur les faits, et nous pourrions cesser de penser que notre unité puisse se fonder sur un consensus. Mais d'admettre nos divergences ne suffit pas. Il faut réduire l'écart entre nos versions respectives de la vérité, même s'il est inévitable que des différences subsistent. Pour un Canadien français, la Conquête sera toujours la Défaite, mais nous parviendrons peut-être à persuader les Québécois que cette conquête-là est bien différente puisqu'elle a assuré la survie d'un Québec démocratique en Amérique du Nord.

Il est probablement inévitable que le Québec obtienne tôt ou tard un statut constitutionnel particulier dans la Constitution canadienne, mais cela ne changerait en rien les deux visions respectives de sa place dans la fédération. Aucun statut particulier n'abolira la Conquête, ni ne rendra les Québécois plus susceptibles d'admettre la version anglaise de la réalité historique. Cela signifie simplement qu'il faut cesser de s'imaginer que les négociations constitutionnelles peuvent trancher des différends historiques. Ils ne peuvent que fournir une base nouvelle à un dialogue permanent.

La vérité est la vérité, le droit est le droit, et le débat sur l'importance de chacun va se poursuivre. En fait, c'est lorsque le dialogue cesse, quand tout se fige, que la rupture devient probable. Reconnaître que la quête d'unité n'aura jamais de fin n'est pas un signe de désespoir, mais c'est simplement reconnaître qu'il est dans la nature même des nations-États d'abriter des visions incompatibles de leur histoire nationale. Pour assurer l'unité du pays, il n'est pas nécessaire de fusionner ces versions incompatibles ; il suffit de les garder en dialogue l'une avec l'autre et de faire en sorte, si la chose est possible, qu'elles s'enrichissent l'une l'autre. Or, nous avons appris beaucoup les uns des autres. Aucune école du Canada anglais n'enseigne plus l'histoire comme on me l'a enseignée, une histoire qui ne tenait nul compte des peuples autochtones ou de la pénible expérience des Canadiens français, traités comme des serfs* dans leur propre patrie.

Il faut comprendre que, entre peuples, la reconnaissance est bien plus qu'un processus de négociation et de concessions. Tout bien considéré, elle est un geste d'ouverture qui permet aux parties d'envisager la possibilité de vivre ensemble dans un esprit nouveau. Nous ne nous reconnaissons pas seulement pour ce que nous sommes, nous reconnaissons ce que nous pourrions devenir ensemble. Pour cela, il faut reconnaître ce que nous sommes déjà : un royaume en paix, un lieu où les langues, les cultures et les peuples s'abritent ensemble sous la voûte de la Justice. C'est là notre raison d'être, l'exemple que nous donnons au monde, notre vérité sans cesse sur le point de se réaliser.

Dans ce livre, j'ai tenté de montrer comment pourrait se réaliser ce potentiel du Canada. J'ai aussi tenté de situer la réalité canadienne dans un contexte plus large. La révolution des droits a été mondiale, et le défi qu'elle pose à toutes les nations est de vivre dans l'unité et la justice. De réconcilier diversité et collectivité dans une ère de revendications. La révolution des droits nous a tous rendus conscients de l'importance des différences entre individus et entre peuples. Ces différences, si ténues soient-elles, sont le fondement de l'identité. On peut parler d'un « narcissisme de la différence[22] ». Nous ne nous appesantissons pas sur ce que nous avons de commun : chacune de nos affirmations de nous-mêmes clame notre singularité.

---

* N.d.T. Le mot est peut-être fort, mais l'expression *des coupeurs de bois et des porteurs d'eau* semble n'exister que comme démarquage littéral de l'expression anglaise.

Cela ne signifie pas que nous ne partagions rien. Isaiah Berlin a écrit que notre langage moral nous inscrit tous dans « l'horizon humain[23] ». Nos divergences à propos du sens ultime de la vie restent, à la fin, à l'intérieur de cet horizon. Nos valeurs, pour être humaines, doivent se situer dans ce cercle. C'est pourquoi une culture des droits ne peut être relativiste : l'homicide, la cruauté, le vol, la trahison, le mensonge sont clairement identifiables dans toutes les cultures et toutes les époques. Mais cet horizon commun, cette frontière commune sont lointains. Chacun chez soi, à l'intérieur du cercle, les désaccords sont profonds : l'homicide est un homicide, mais l'avortement est-il un meurtre ? Des divergences morales inconciliables surgissent sans cesse parce que nous n'interprétons ou n'appliquons pas les mêmes principes de la même façon. Alors, si nous sommes vraiment si différents, comment nous entendre assez bien pour vivre ensemble ?

C'est là que l'empathie, la capacité de se mettre dans la peau d'autrui, joue un rôle fondamental. Nous comprenons l'Autre non seulement parce que nous en sommes capables, mais parce que cela est nécessaire. L'approbation d'autrui nous est nécessaire ; notre moi a besoin de connaître ce que les autres pensent de nous. Nous avons besoin des autres parce que nous ne nous voyons pas nous-mêmes. Pour reprendre une métaphore de Virginia Woolf, disons que nous avons, au centre de l'occiput, un petit cercle grand comme une pièce de monnaie, qu'il nous est impossible de voir malgré tous nos efforts. Seuls les autres peuvent le regarder et nous dire ce qui s'y voit. Notre individualité même est sociale.

Dans une société libérale, l'ordre est un acte d'imagination ; non pas un consensus moral ou un partage de valeurs, mais la capacité de chacun de comprendre des univers moraux différents du sien. Nous sommes différents, mais nous pouvons aussi sentir ce que ce serait que d'être l'Autre.

Cette capacité d'empathie n'est pas infinie. Dans *Shoah*, son film sur le génocide des Juifs en Pologne, Claude Lanzmann nous montre un fermier polonais dont les champs jouxtaient un camp d'extermination ; la suie des fours crématoires retombait sur ses champs. À quoi pensait-il quand il voyait ainsi des êtres humains partir en fumée ? Voici ce qu'il répond : « Si je me coupe un doigt je le sens. Si quelqu'un d'autre se coupe un doigt, je ne peux que le voir. »

L'imagination a ses limites ; nos propres sensations sont toujours plus réelles que l'expérience d'autrui. Nous sommes au centre de cercles concentriques d'intensité décroissante : nous d'abord, puis nos proches, et ensuite, et de plus en plus imparfaitement, nos semblables. Mais ce lien qu'ont les autres avec nous, si faible soit-il, fait partie de nous tout autant que notre égoïsme. C'est sur cette réalité et sur notre capacité de la saisir que nous pouvons bâtir une collectivité.

Comment faire naître un monde en commun ? En considérant tous les individus, riches ou pauvres, jeunes ou vieux, homosexuels ou hétérosexuels, blancs ou noirs de toutes nuances, catholiques ou protestants, juifs ou musulmans, c'est-à-dire dans toutes leurs différences visibles, comme détenant des droits égaux. Au poste de police, devant le tribunal, à l'aide sociale, on trouve des gens qui ont appris à ne pas tenir compte de ces différences superficielles et à traiter avec l'abstraction juridique qui se trouve sous l'épiderme. Mais cette abstraction et le respect que nous en avons permettent l'exercice de la Justice. La légitimité des institutions repose sur notre dévotion à l'égalité malgré notre attention à la différence. Voilà le défi, l'exploit d'imagination, sur lesquels repose notre société.

C'est un rêve tout récent, né au XVIIe siècle dans l'esprit des penseurs du libéralisme politique, des génies comme John Locke. On pourrait objecter qu'ils n'ont jamais cru qu'une communauté de droits puisse inclure tout le monde et n'importe qui. Leur univers mental ne connaissait que des Blancs, propriétaires terriens de sexe masculin. Mais cet idéal conçu, le modèle était né. Les hommes blancs et propriétaires ne s'étaient pas sitôt définis comme citoyens libres et égaux que les prolétaires en demandaient autant. Puis les femmes. Puis les peuples de couleur. Quand l'imagination libérale s'enracine dans une société, la logique rend impossible de ne pas en étendre les promesses à l'humanité tout entière.

L'histoire politique et sociale de l'Occident est celle de la lutte de toutes les collectivités humaines pour l'inclusion. Ce vaste développement historique, qui s'est amorcé au XVIe siècle dans les guerres de Religion, ne s'est réalisé que depuis quarante ans avec la révolution des droits.

C'est parce que nous avons vécu ce chapitre de l'Histoire que nous n'en percevons pas encore bien l'immense signification historique. La société actuelle est la première qui ait vraiment cherché à ce que le corps politique inclue de plein droit tout le monde et n'importe qui. Que nous vivions avec nos différences ou que nous en périssions, nous sommes tous dans le même bateau.

De la Bosnie à l'Afghanistan, du Rwanda au Kosovo, les combattants de l'ethnicité semblent vouloir prouver que l'égalité des droits entre individus de race ou d'origine différentes n'est qu'un rêve sentimental. Ils taillent des sociétés fondées sur le sang et les fantasmes d'une origine commune plutôt que sur l'égalité de tous. Ce que les sociétés fondées sur l'égalité de tous les membres du corps politique veulent prouver, c'est que les purificateurs ethniques ont tort, que leur vision de l'avenir ne passera pas, ni ici ni chez les peuples qu'ils tyrannisent.

Nous avons toutes les raisons d'espérer, et non pas seulement parce que des pays comme le Canada sont riches et qu'il est donc plus facile d'y concilier les divergences que dans des sociétés moins nanties. Nous avons la chance aussi, en tant que peuple issu d'une colonie, d'avoir grandi dans la quête de la liberté. Aujourd'hui, nos villes multiculturelles sont des laboratoires de paix ethnique. Nous savons maintenant que la condition préalable de l'ordre et de la paix est simple : l'égalité de tous devant la loi, associée à la capacité de nous considérer les uns les autres comme citoyens et non pas comme membres de tribus ou de clans. Il n'est pas nécessaire de partager beaucoup de valeurs, encore moins de vie commune. Chacun vit où il veut et avec qui il veut. Mais l'égalité des droits est essentielle, et elle suppose en même temps que la diversité puisse trouver place sous la voûte protectrice d'un ordre juridique légitime.

Ainsi, l'unité et la cohésion d'une société libérale ne seront pas menacées même si on y protège les mille traditions diverses dont nous sommes issus, si on y vénère des divinités différentes, si on y mange des plats exotiques, même si nous habitons des quartiers différents et que chacun parle sa langue. Ce que la vie nous impose, c'est l'empathie, la reconnaissance et, si possible, la réconciliation. Répétons ces mots du sage magistrat canadien-français, dans le jugement qui a enfin rendu justice, après tant de temps, à nos concitoyens autochtones : « Il faut se rendre à l'évidence, nous sommes tous ici pour y rester. »

Notes

CHAPITRE 1 • LA RÉVOLUTION DES DROITS ET LA DÉMOCRATIE

1. Tom Wicker, *A Time to Die : The Attica Prison Revolt*, Times Books, New York, 1975.
2. Sur la question des traditions et revendications indigènes en Nouvelle-Zélande, voir F. M. Brookfield, *Waitangi and Indigenous Rights : Revolution Law and Legitimation*, Auckland University Press, Auckland, 1999.
3. Peter Russel, *Constitutional Odyssey : Can Canadians Be a Sovereign People ?*, University of Toronto Press, Toronto, 1992.
4. Sur le sujet de l'article 53 de la Loi de la Cour Suprême (Renvoi relatif à la sécession du Québec), 1998. S.C.R. 217. « Separation Anxiety : International Responses to Ethno-Separatist Claims », *Yale Journal of International Law*, vol. 23, n° 1 (1998).
5. J. P. Humphrey, *Human Rights and the United Nations : A Great Adventure*, Transnational, New York, 1984. Johannes Morsink, *The Universal Declaration of Human Rights : Origins, Drafting and Intent*, University of Pennsylvania Press, Philadelphie, 1999.
6. John Packer, « Making International Law Matter in Preventing Ethnic Conflict : A Practitioner's Perspective », *New York University Journal of International Law and Politics*, n° 32, printemps 2000, p. 715-724.
7. Michael Ignatieff, *Virtual War : Kosovo and Beyond*, Penguin, Toronto, 2000.

8. Will Kymlicka, *La Citoyenneté multiculturelle. Une théorie libérale des droits des minorités*, Boréal/La Découverte, Montréal/Paris, 2001.
9. James Tully, *Strange Multiplicity : Constitutionalism in an Age of Diversity*, Cambridge University Press, Cambridge, 1995. « The Politics of Recognition », dans Amy Gutman (dir.), *Multiculturalism : Examining the Politics of Recognition*, Princeton University Press, Princeton, 1994. Russel, *op. cit.*
10. Dans *Charte canadienne des droits et libertés*, « Droits à l'égalité » : « Le paragraphe (1) n'a pas pour effet d'interdire les lois, programmes ou activités destinés à améliorer la situation d'individus ou de groupes défavorisés, notamment du fait de leur race, de leur origine nationale ou ethnique, de leur couleur, de leur religion, de leur sexe, de leur âge ou de leurs déficiences mentales ou physiques. »
11. Kirk Makin, « Canadian Legal Wisdon A Hot Commodity Abroad », *The Globe and Mail*, 1er septembre 2000.
12. Richard Rorty, *Truth and Moral Progress : Philosophical Papers*, Cambridge University Press, Cambridge, 1998, p. 11.
13. Joel Bakan, *Just Words : Constitutional Rights and Social Wrongs*, University of Toronto Press, Toronto, 1997, p. 94-98.
14. Sur la distinction entre la « protection externe » et les « contraintes internes » des groupes minoritaires, voir Kymlicka, *op. cit.*, chap. 7.
15. Avishai Margalit et Moshe Halbertal, « Liberalism and the Right to Culture », *Social Research*, vol. 61, n° 3, p. 491-510.
16. Bakan, *op. cit.*, Introduction.
17. « Judge Refuses to Ban Spanking of Children », dans *The Globe and Mail*, 6 juillet 2000. « Court Upholds Child Spanking », *National Post*, 6 juillet 2000.
18. Ronald Beiner, *What's the Matter With Liberalism ?*, University of California Press, Berkeley, 1992, chap. 4.
19. J'élabore davantage ce sujet dans *Human Rights as Politics and as Idolatry : The Tanner Lectures In Human Values*, Princeton University Press, Princeton, 2001.
20. Sur la négociation, lire Amy Gutmann et Dennis Thompson, *Democracy and Disagreement*, Belknap Press, Cambridge, 1997.

CHAPITRE 2 • DROITS DE L'HOMME ET DIFFÉRENCES

1. On trouve chez Karl Marx, dans *La Question juive* (1843), l'argument classique selon lequel la notion de droits tient de l'idéologie bourgeoise.

Dans le contexte canadien, on trouvera la meilleure critique de l'incapacité de la Charte canadienne des droits et libertés de réduire les inégalités économiques et sociales dans *Just Words*, de Bakan, et dans *The Charter of Rights and the Legislation of Politics in Canada*, de Michael Mandel, Thompson Educational Publishing, Toronto, 1994.
2. Bakan, *op. cit.*
3. Leszek Kolakovski, *Modernity on Endless Trial*, University of Chicago Press, Chicago,1990.
4. P. Manent, *Considérations sur la France*, Éditions Complexe, Paris, 1988 ; sur de Maistre, lire Isaiah Berlin, *The Crooked Timber of Humanity : Chapters in the History of Ideas*, éd. Henry Hardy, John Murray, Londres, 1990 ; voir aussi Antonio Cassese, « Are Human Rights Truly Universal ? », dans Obrad Savic (dir.), *The Politics of Human Rights*, Verso, Londres, 1999, p. 120 à 149.
5. « Anarchical Fallacies », dans *The Works of Jeremy Bentham*, John Bowring, Edimbourg, 1843, p. 494 à 501.
6. J'ai écrit de longues pages sur l'interaction entre la mondialisation de l'information et la conscience des droits humains. *L'Honneur du guerrier. Guerre ethnique et conscience moderne*, Presses de l'Université Laval/La Découverte, Québec/Paris, 2001.
7. Kymlicka, *op. cit.*, p. 179-184.
8. Heather Pringle, « Alberta Barren », *Saturday Night*, juin 1997, p. 30 à 37. *Muir vs. Alberta*, 305, 36, *Alberta Law Reports*, vol. 3, p. 305 à 373.
9. Sur l'éthique des restrictions à l'immigration : *Spheres of Justice*, de Michael Walser Martin Robinson, Oxford, 1983, p. 46 à 48, et « Aliens and Citizens : the Case for Open Borders », *Review of Politics*, 49(2), p. 251 à 273.
10. *La Maison d'Âpre-Vent*, de Charles Dickens.
11. On trouve dans *Le Roi Lear* de Shakespeare une étude tout a fait exemplaire de la conception qu'a notre culture de l'égalité entre les hommes, surtout dans la fameuse soliloque de la fin de l'acte I. Le roi Lear défend la thèse selon laquelle, pour traiter un homme avec humanité, il faut le traiter de manière individuelle, en tenant compte, d'une part, de ses besoins et, d'autre part, du rôle qu'il joue auprès du roi. Je commente longuement ce passage dans mon ouvrage *The Needs of Strangers*, Penguin, Toronto, 1984.
12. On trouvera la meilleure analyse de ce phénomène dans Primo Levi, *Si c'est un homme*, Paris, Julliard, 1987.
13. Hannah Arendt, *Le Système totalitaire*, Paris, Seuil, coll. « Points », 1972.
14. Richard Tuck, Sur la théorie du droit naturel, voir *Natural Rights Theories*, Cambridge University Press, 1979.

15. A. H. Robertson et J. G. Merrills, *Human Rights in the World*, Manchester University Press, 1996, chap. 4 et 5.
16. Rapport d'Amnistie internationale : *Rights for All : Country Reports, USA*, Londres, 1998.
17. « Out of Order », *Index on Censorship 3m*, par Michael Ignatieff, chap. 3. Voir aussi *The Abolition of the Death Penalty in International Law*, par William Schabas, Cambridge University Press, 1997.
18. Paul Gordon Lauren traite du rôle d'Eleanor Roosevelt dans la rédaction de la Déclaration universelle des droits de l'homme et de l'évolution des positions américaines sur la question, dans *The Evolution of International Human Rights*, University of Pensylvania Press, Philadelphie, 1998.
19. J'ai traité du conflit entre le devoir d'ingérence et la souveraineté populaire dans *Human Rights as Politics and as Idolatry*. Voir aussi les utiles essais de Mortimer Sellers, dans *The New World Order : Sovereignty, Human Rights and the Self-Determination of Peoples*, Berg, Washington D.C., 1996.
20. Cette description des critères auxquels doit répondre une intervention militaire pour être justifiée doit beaucoup aux débats de la Commission internationale sur le Kosovo, présidée par Richard Goldstone et Carl Tham, et à ceux des autres membres de la Commission, Martha Minow, Richard Falk et Jacques Rupnick. Leur rapport devait être remis au secrétaire général des Nations unies en octobre 2000.
21. On trouvera dans *Virtual War* mon opinion sur la moralité et la légalité de l'intervention au Kosovo.

CHAPITRE 3 • LE BILLARD ET LA MOSAÏQUE : DROITS INDIVIDUELS ET DROITS COLLECTIFS

1. La présente analyse de cette situation est basée sur *Strange Multiplicity*, de James Tully.
2. Selon Eugen Weber, *Peasants Into Frenchmen : The Modernization of Rural France, 1870-1914*, Stanford University Press, Stanford, 1979.
3. Joseph Gosnell cite un exemple de cette résistance historique dans « Making History : Chief Gosnell's Historic Speech to the British Columbia Legislature », le 2 déc. 1998, à propos du traité Nisga'a. Accessible dans Internet : www.ntc.bc.ca. On peut aussi lire *The « Nations Within » : Aboriginal-State Relations in Canada, the United States and New Zealand*, par Augie Fleras et Jean Leonard Elliott, Oxford Univer-

sity Press, Toronto, 1992. Sur le droit à l'autodétermination des peuples autochtones, voir « Peoples' and Populations : Indigenous Peoples and the Rights of Peoples », dans *The Rights of Peoples*, édité par James Crawford, Clarendon Press, Oxford, 1988, et *International Law and the Rights of Minorities*, par Patrick Thornberry, Clarendon Press, Oxford, 1991, p. 331 à 375.
4. *Le Fédéralisme et la société canadienne-française*, par Pierre Elliott Trudeau, Éditions HMH, Montréal, 1967 ; *Un fédéralisme pour le futur : Énoncé de politique par le Gouvernement du Canada*, Imprimeur de la Reine, Ottawa, 1968.
5. *Politique indienne du gouvernement du Canada*, ministère des Affaires indiennes et du Nord, 1969.
6. « Daliwal offre des droits de pêche aux autochtones de Colombie-Britannique pour éviter des poursuites judiciaires », *National Post*, 8 avril 2000.
7. Les Musqueam de Vancouver ont été poursuivis à la Cour fédérale par les propriétaires non autochtones pour une question de taxes foncières sur la réserve. *Huyck et al. c. Musqueam Indian Band Council*, Cour fédérale, Vancouver, mai 2000.
8. La Charte de la langue française, chap. 8, articles 72 à 85, www.olf.gouv.qc.ca
9. Will Kymlicka traite de la neutralité de l'État dans *La Citoyenneté multiculturelle*, p. 167 et 168.
10. *Le Marché aux illusions. La méprise du multiculturalisme*, de Neil Bissoondath, Boréal/Liber, Montréal, 1995, est une critique de la politique canadienne du multiculturalisme. Pour les pratiques multiculturelles américaines : *Post-Ethnic America : Beyond Multiculturalism*, de David Hollinger, Basic Books, New York, 1995.
11. Marc Chevrier, voir le site de l'Office de la langue française.
12. Kymlicka, *La Citoyenneté multiculturelle*, p. 233-244.
13. « Liberalism and the Right to Culture », dans Maargalit et Halbertal.
14. Martha Minow, *Between Vengeance and Forgiveness : Facing History after Genocide and Mass Violence*, Beacon Press, Boston, 1998, et Eleazar Barkan, *The Guilt of Nations : Restitution and Negociating Historical Injustices*, W. W. Norton, New York, 2000.
15. Charles Hendry, *Beyond Traplines : Does the Church Really Care ? Towards an Assessment of the Work of the Anglican Church of Canada with Canada's Native Peoples*, Anglican Book Centre, Toronto, 1998. « Money Could Run Out in 2001 », dans *Anglican Journal*, 126, n° 6, juin 2000, et « Priests Ask Taxpayers to Cover Cost of Abuses », *The Globe and Mail*, 12 juillet 2000.

16. Pour ces événements, j'ai puisé dans *Constitutional Odyssey*, de Russel, chap. 7 à 10.
17. Consulter www.premier.gouv.qc.ca/premier_ministre, à propos de la perspective des souverainistes sur l'ensemble de la question constitutionnelle.
18. « Rapport de la Commission royale sur les peuples autochtones », vol. 2, Communications Canada, 1996, p. 163 à 244. Procès *Delgamuukw c. la Reine et al.*, Cour suprême de la Colombie-Britannique, 0843, 1991.
19. *Guide de la politique fédérale sur les gouvernements autochtones*, Ministère des Affaires indiennes et du Nord, www.inac.gc.ca
20. Tom Flanagan, *First Nations, Second Thoughts?*, McGill-Queen's University Press, Montréal, 2000, chap. 6.
21. British Columbia Treaty Commission, *Annual Report 2000*, www.bctreaty.net

CHAPITRE 4 • DROITS, VIE PRIVÉE ET FAMILLE

1. Mary McCarthy et Joanna Radbord, « Family Law for Same Sex Couples : Chart(er)ing the Course », *Revue canadienne de droit familial*, 15, n° 101, 1998.
2. « The Politics of Recognition », dans Amy Gutman (dir.), *Multiculturalism : Examining the Politics of Recognition*.
3. Michael Walzer, *On Toleration*, Yale University Press, New Haven, 1997.
4. Francis Fukuyama, *The Great Disruption : Human Nature and the Reconstitution of Social Order*, The Free Press, New York, 1999. Roderick Phillips, *Putting Asunder : A History of Divorce in Western Society*, Cambridge University Press, Cambridge, 1998.
5. George Grant, *English-Speaking Justice*, Anansi, Toronto, 1974, 1985, p. 69 à 90.
6. Joseph Schumpeter, *Capitalisme, socialisme et démocratie*, Harper and Brothers, New York, 1942.
7. Christopher Lasch, *Haven in a Heartless World*, Basic Books, New York, 1977. Francis Fukuyama, *The Great Disruption*.
8. Nicholas Bala, « A report from Canada's Gender War Zone : Reforming the Child-Related Provisions of the Divorce Act », *Revue canadienne de droit familial*, 16, n° 2, 1999, p. 163 à 227.
9. Fukuyama, *op. cit.*, p. 41 à 42, 84 et 115.
10. Winifred Holland, « Intimate Relationships in the New Millenium : The Assimilation of Mariage and Cohabitation », *Revue canadienne de droit familial*, vol. 17, n° 1, 2000, p. 114-168.

11. « Judge Refuses to Ban Spanking of Children », *The Globe and Mail*, 6 juillet 2000.
12. Statistique Canada, *Travail non rémunéré des ménages*, 1995.
13. (*N.d.T.*) *Fathers and Sons*, roman de 1907, par Edmund Gosse (1849-1928), critique, essayiste, biographe et romancier britannique.
14. Lionel Trilling, *Sincerity and Authenticity*, Harvard University Press, Cambridge, 1972; *The Politics of Authenticity*, Athenaeum, New York, 1970.
15. Fukuyama, *op. cit.*
16. Teresa Foley, « Dobson v. Dobson : Tort Liability for Expectant Mother », *Saskatchewan Law Review*, 1998, p. 61 et 117 ; « Case Comment and Note : Winnipeg Child and Family Services v. D.F.G. : Juridical Interference With Pregnant Women in the Alleged Interest of the Fetus », n° 711, 1998, *Alberta Law Review*.
17. Statistique Canada, *Divorces 1995*.
18. Nicholas Bala, *op. cit.*
19. Nicholas Bala, *op. cit.*
20. J'ai traité de ces questions dans une conférence intitulée « Liberal Values, a Defence : The Keith Davey Lecture », au Collège Victoria de l'Université de Toronto, en 1996.
21. Isaiah Berlin, *Éloge de la liberté*, Calmann-Lévy, Paris, 1988.

CHAPITRE 5 • DROITS, RECONNAISSANCE ET NATIONALISME

1. Richard Gwyn, *Nationalism Without Walls : The Unbearable Lightness of Being Canadian*, McClelland and Stewart, Toronto, 1996, chap. 10.
2. Al Etmanski, *A Good Life*, Planned Lifetime Advocacy Network, Burnaby, 2000. Je remercie aussi Sam Sullivan, conseiller municipal de Vancouver, avec qui j'ai discuté de la question des droits des handicapés.
3. « Legal Lobster War Heats Up », *The Globe and Mail*, 18 août 2000.
4. « Uneasy Peace Reigns Over Burnt Church », *The Globe and Mail*, 16 août 2000.
5. Ovide Mercredi et Mary Ellen Turpel, *In the Rapids : Navigating the Future of the First Nations*, Viking, Toronto, 1993.
6. Flanagan, *op. cit.*, chap. 2.
7. Cour suprême du Canada, *Delgamuukw c. Colombie-Britannique : Jugement sur les droits autochtones*, 11 décembre 1999, p. 13.
8. Michael Ignatieff, *Blood and Belonging : Journeys Into the New Nationalism*, University of Toronto Press, 1993. Introduction.

9. Maurizio Viroli, *For Love of Country: An Essay on Patriotisme an Nationalism*, Clarendon Press, Oxford, 1995.
10. « Alberta Barren », Pringle, p. 30 à 37 ; « Outrageous System Regarded Them as Morons », *The Edmonton Journal*, 2 novembre 1999. *Muir c. Alberta*, 305, 36, *Alberta Law Reports*, vol. 3, p. 305-373.
11. Stephen Holmes et Cass R. Sunstein, *The Cost of Rights : Why Liberty Depends on Taxes*, W. W. Norton, New York, 1999.
12. Bernard Yack, « The Myth of the Civic Nation », dans Robert Beiner (dir.) *Theorizing Nationalism*, State University of New York Press, Albany, 1999, p. 103 à 119 ; « Civic and Ethnic Nationalism : Lessons from the Canadian Case », dans R. Beiner et W. Norman (dir.) *Canadian Political Philosophy: Contemporary Reflections*, University of Toronto Press, 2000.
13. Edmund Burke, *Réflexions sur la Révolution française et sur les procédés de certaines sociétés à Londres, relatifs à cet évènement*, Éditions du Franc-Dire, Saint-Lambert-des-Bois, 1988.
14. Gwyn, *op. cit.*, p. 255 et 256.
15. Rogers Brubaker, « *Citizenship and Nationhood in France and Germany* », Harvard University Press, 1992.
16. Will Kymlicka, « Misunderstanding Nationalism », dans Beiner (dir.) *Theorizing Nationalism*, p. 131 à 141.
17. Arthur Schlesinger, *The Disuniting of America*, Norton, New York, 1992.
18. « Schools Fears for Immigrant Students », *The Globe and Mail*, 3 mars 1998.
19. Bissoondath, *op. cit.*
20. John Saul, *Réflexions d'un frère siamois. Le Canada à l'aube du XXIe siècle*, Boréal, Montréal, 1998.
21. Richard Goldstone et Carl Tham, *International Independent Commission on Kosovo : Final Report*, Oxford University Press, New York, 2000. J'étais membre de cette commission, et j'ai appuyé les revendications des Kosovars et leur droit à une indépendance conditionnelle sous supervision internationale.
22. J'ai utilisé le terme « *Narcissism of minor differences* » dans mon ouvrage *L'Honneur du guerrier. Guerre ethnique et conscience moderne*, Presses de l'Université Laval/La Découverte, Québec/Paris, 2001.
23. Michael Ignatieff, *Isaiah Berlin : A Life*, Penguin, Toronto, 1998.

Bibliographie

Bakan, Joel, *Just Words : Constitutional Rights and Social Wrongs*, Toronto, University of Toronto Press, 1997.

Bala, Nicholas, « A Report from Canada's Gender War Zone : Reforming the Child-Related Provisions of the Divorce Act », *Revue canadienne de droit familial*, n° 16, p. 163.

Barsh, Russel Lawrence et James Youngblood Henderson, « Aboriginal Rights, Treaty Rights and Human Rights : Indian Tribes and "Constitutional Renewal" », *Journal of Canadian Studies*, vol. 17, n° 2, p. 55-81.

Beiner, Ronald, *What's the Matter with Liberalism ?*, Berkeley, University of California Press, 1992.

Bovoroy, Alan, « How Not to Fight Racial Hatred », dans David Schneiderman (dir.), *Freedom of Expression and the Charter*, Toronto, Thomson Publishing, 1991.

British Columbia Treaty Commission, *Annual Report 2000*, Vancouver, 2000.

Brownlie, Ian, « The Rights of Peoples in International Law », dans James Crawford (dir.), *The Rights of Peoples*, Oxford, Clarendon Press, 1988.

Canada, *Charte canadienne des droits et libertés. Guide*, Ottawa, Publications Canada, 1984.

—, *Rapport de la Commission royale sur les peuples autochtones*, 5 vol., Ottawa, La Commission, 1996.

—, Ministère des Affaires indiennes et du Nord, *Guide de la politique fédérale. L'autonomie gouvernementale des autochtones*, Ottawa, 1995.

—, Cour suprême, *Delgamuukw c. Colombie-Britannique : jugement sur les droits autochtones*.

—, Cour suprême, Ford c. Québec (procureur général), *Dominion Law Reports*, vol. 54, n° 4, p. 577-636.

Carens, J. H., « Aliens and Citizens : The Case for Open Borders », *Review of Politics*, vol. 49, n° 2, p. 251-273.

—, « Cosmopolitanism, Nationalism and Immigration : False Dichotomies and Shifting Presumptions », dans R. Beiner et W. Norman (dir.), *Canadian Political Philosophy : Contemporary Reflections*, Toronto, University of Toronto Press, 2000.

Cassese, Antonio, « Are Human Rights Universal », dans Obrad Savic (dir.), *The Politics of Human Rights*, London, Verso, 1999.

Chevrier, Marc, « Des lois et des langues au Québec. Principes et moyens de la politique linguistique québécoise », Ministère des Relations internationales, mars 1997.

Cotler, Irwin, « Racist Incitement : Giving Free Speech a Bad Name », dans David Schniederman (dir.), *Freedom of Expression and the Charter*, Toronto, Thomson Publishing, 1991.

Eisenberg, Avigail, « The Politics of Individual and Group Difference in Canadian Jurisprudence », *Revue canadienne de science politique*, n° 27, mars 1994, p. 3-21.

Etmanski, Al, *A Good Life*, Burnaby, Planned Lifetime Advocacy Network, 2000.

Evans, Patricia M. et Gerda Wekerle (dir.), *Women and the Canadian Welfare State : Challenges and Change*, Toronto, University of Toronto Press, 1997.

Fleras, Augie, et Jean Leonard Elliott, *The « Nations Within » : Aboriginal-State Relations in Canada, The United States and New Zealand*, Toronto, Oxford University Press, 1992.

Gibbens, Roger, et Guy Laforest (dir.), *Beyond the Impasse : Toward Reconciliation*, Montréal, Institut de recherches en politiques publiques, 1998.

Glendon, Mary Ann, *Rights Talk : The Impoverishment of Political Discourse*, New York, The Free Press, 1991.

Gosnell, Joseph, « Making History : Chief Gosnell's Historic Speech to the British Columbia Legislature », 2 décembre 1998, Victoria.

Gutmann, Amy, et Dennis Thompson, *Democracy and Disagreement*, Cambridge, Belknap Press, 1997.

Gwyn, Richard, *Nationalism Without Walls : the Unbearable Lightness of Being Canadian*, Toronto, McClelland and Stewart, 1995.

Hendry, Charles E., *Beyond Traplines : Does the Church Really Care? Towards an Assessment of the Work of the Anglican Church with Canada's Native Peoples*, Toronto, Anglican Book Centre, 1998.

Hesse, Carla, et Robert Post, *Human Rights in Political Transitions : Gettysburg to Bosnia*, New York, Zone Books, 1999.

Holland, Winifred, « Intimate Relationships in the New Millennium : the Assimilation of Marriage and Cohabitation ? », *Revue canadienne de droit familial*, n° 17, p. 114.

Ignatieff, Michael, *Blood and Belonging : Journeys into the New Nationalism*, Toronto, Penguin, 1993.

—, *Human Rights as Politics and as Idolatry : The Tanner Lectures in Human Values*, Princeton, Princeton University Press, 2001.

—, *Virtual War : Kosovo and Beyond*, Toronto, Penguin, 2000.

—, *L'Honneur du guerrier. Guerre ethnique et conscience moderne*, Québec/Paris, Presses de l'Université de Laval /La Découverte, 2001.

Knopf, Rainer et F. L. Morton (dir.), *Charter Politics*, Scarborough, Nelson Canada, 1992.

Kymlicka, Will, *Finding Our Way : Rethinking Ethnocultural Relations in Canada*, Toronto, University of Toronto Press, 1998.

—, *La Citoyenneté multiculturelle. Une théorie libérale du droit des minorités*, Montréal/Paris, Boréal/La Découverte, 2001.

L'Heureux-Dubé, Claire, « Making Equality Work in Family Law », *Revue canadienne de droit familial*, n° 14, p. 103.

Mandel, Michael, *The Charter of Rights and the Legalization of Politics in Canada*, 2e édition, Toronto, Thompson Educational Publishers, 1994.

McCarthy, Mary, et Joanna L. Radbord, « Family Law for Same-Sex Couples : Chart(er)ing the Course », *Revue canadienne de droit familial*, n° 15, p. 101.

Mendes, Errol P., « Two Solitudes : Freedom of Expression and Collective Linguistic Rights in Canada : A Case Study of the Ford Decision », *National Journal of Constitutional Law*, n° 1, p. 283-313.

Moore, Margaret, « Liberal Nationalism and Multiculturalism, dans R. Beiner et W. Norman (dir.), *Canadian Political Philosophy : Contemporary Reflections*, Toronto, University of Toronto Press, 2000.

Rae, Bob, *From Protest to Power : Personal Reflections on a Life in Politics*, Toronto, Viking, 1996.

Resnick, Philip, « Civic and Ethnic Nationalism : Lessons from the Canadian Case », dans R. Beiner et W. Norman (dir.), *Canadian Political Philosophy : Contemporary Reflections*, Toronto, University of Toronto Press, 2000.

Robertson, A. H. et J. G. Merrills, *Human Rights in the World*, 4ᵉ édition, Manchester, Manchester University Press, 1996.

Russell, Peter H., *Constitutional Odyssey : Can Canadians Be a Sovereign People ?*, Toronto, University of Toronto Press, 1992.

Saul, John, *Réflexions d'un frère siamois, le Canada à l'aube du XXIᵉ siècle*, Montréal, Boréal, 1998.

Schneiderman, David, et Kate Sutherland (dir.), *Charting the Consequences : the Impact of the Charter Rights on Canadian Law and Politics*, Toronto, University of Toronto Press, 1997.

Sellers, Mortimer, *The New World Order : Sovereignty, Human Rights and the Self-Determination of Peoples*, Washington D.C., Berg, 1996.

Sniderman, Paul, Joseph F. Fletcher, Peter Russell et Philip E. Tetlock, *The Class of Rights : Liberty, Equality and Legitimacy in Pluralist Democracy*, New Haven, Yale University Press, 1997.

Steiner, Henry J. et Philip Alston, *International Human Rights in Context : Law, Politics, Morals*, Oxford, Clarendon Press, 1996.

Taylor, Charles, « The Conditions of an Unforced Consensus on Human Rights », dans Obrad Savic (dir.), *The Politics of Human Rights*, London, Verso, 1999.

—, « The Politics of Recognition », dans Amy Gutmann (dir.), *Multiculturalism : Examining the Politics of Recognition*, Princeton, Princeton University Press, 1994.

Thornberry, Patrick, *International Law and the Rights of Minorities*, Oxford, Clarendon Press, 1991.

Tully, James, *Strange Multiplicity : Constitutionalism in an Age of Diversity*, Cambridge, Cambridge University Press, 1995.

Vetterling-Bragin, Mary, Frederick A. Elliston et Jane English (dir.) *Feminism and Philosophy*, Totowa, Rowman and Littlefield, 1981.

Waldron, Jeremy, « Minority Cultures and the Cosmopolitan Alternative », dans Will Kymlicka (dir.), *The Rights of Minority Cultures*, Toronto, Oxford University Press, 1995.

Weinrib, Lorraine, « The Activist Constitution », *Policy Options*, Institute for Research in Public Policy, avril 1999.

—, « Does Money Talk ? Commercial Expression in the Canadian Constitutional Context », dans David Schniederman (dir.), *Freedom of Expression and the Charter*, Toronto, Thomson Publishing, 1991.

—, « The Notwithstanding Clause, or the Loophole Cementing the Charter », *Cité libre*, octobre-novembre 1998.

Yack, Bernard, « The Myth of the Civic Nation », dans Robert Beiner (dir.), *Theorizing Nationalism*, Albany, State University of New York Press, 1999.

Table des matières

Préface 9

CHAPITRE PREMIER
La révolution des droits et la démocratie 13

CHAPITRE II
Droits de l'homme et différences 35

CHAPITRE III
Le billard et la mosaïque : droits individuels et droits collectifs 57

CHAPITRE IV
Droits, vie privée et famille 81

CHAPITRE V
Droits, reconnaissance et nationalisme 105

Notes 129

Références bibliographiques 137

MISE EN PAGES ET TYPOGRAPHIE :
LES ÉDITIONS DU BORÉAL

ACHEVÉ D'IMPRIMER EN SEPTEMBRE 2001
SUR LES PRESSES DE L'IMPRIMERIE AGMV MARQUIS
À CAP-SAINT-IGNACE (QUÉBEC).